Phänomenologische Forschungen
Phenomenological Studies / Recherches Phénoménologiques

Herausgegeben von Ernst Wolfgang Orth
im Auftrag der
Deutschen Gesellschaft für phänomenologische Forschung

Band 12

Die „Phänomenologischen Forschungen" werden von Ernst Wolfgang Orth im Auftrag der Deutschen Gesellschaft für phänomenologische Forschung e. V., München herausgegeben. Sie erscheinen jährlich zweimal im Frühjahr und im Herbst.

Redaktionsadresse: Professor Dr. Ernst Wolfgang Orth, Universität Trier, Fachbereich I Philosophie, Tarforst, Postfach 3825, D-5500 Trier. Telefon (0651) 2011, Telex 472680 unitr.

Verlag Karl Alber, Hermann-Herder-Straße 4, D-7800 Freiburg i. Br. Telefon (0761) 273495, Telex 07721440 herder.

Im Abonnement ermäßigter Preis. Für Mitglieder der Deutschen Gesellschaft für phänomenologische Forschung e. V., München, Pflichtbezug zum Mitgliederpreis. Für Studenten gegen jährlichen Nachweis Studentenabonnement. – Die Preise sind den jeweils gültigen Preislisten des Verlages Karl Alber zu entnehmen. Die Kündigung des Abonnements ist erst nach Abnahme von mindestens vier Bänden möglich und dann nur zum Ende eines Jahres.

Gedruckt mit Unterstützung der Deutschen Forschungsgemeinschaft.

Zur Phänomenologie des philosophischen Textes

Beiträge von

Ernst Wolfgang Orth
Kah Kyung Cho
Samuel IJsseling
Jan M. Broekman
Adriaan Peperzak
Józef Tischner

Verlag Karl Alber Freiburg/München

CIP-Kurztitelaufnahme der Deutschen Bibliothek

Zur Phänomenologie des philosophischen Textes /
Beitr. von Ernst Wolfgang Orth ... – Freiburg i. Br.;
München: Alber, 1982.
(Phänomenologische Forschungen; Bd. 12)
ISBN 3-495-47470-6

NE: Orth, Ernst Wolfgang [Mitverf.]; GT

Alle Rechte vorbehalten – Printed in Germany
© Verlag Karl Alber GmbH Freiburg/München 1982
Satz und Druck: Presse-Druck Augsburg
ISSN 0342-8117
ISBN 3-495-47470-6

Die in den „Phänomenologischen Forschungen" veröffentlichten Beiträge sind urheberrechtlich geschützt. Alle Rechte, insbesondere das der Übersetzungen in fremde Sprachen, bleiben vorbehalten. Kein Teil dieser Zeitschrift darf ohne schriftliche Genehmigung des Verlages in irgendeiner Form – durch Fotokopie, Mikrofilm oder andere Verfahren – reproduziert oder in eine von Maschinen, insbesondere von Datenverarbeitungsanlagen, verwendbare Sprache übertragen werden. Auch die Rechte der Wiedergabe durch Vortrag, Funk- und Fernsehsendung, im Magnettonverfahren oder auf ähnlichem Wege bleiben vorbehalten. Fotokopien für den persönlichen Gebrauch dürfen nur von einzelnen Beiträgen oder Teilen daraus als Einzelkopien hergestellt werden. Jede im Bereich eines gewerblichen Unternehmens hergestellte oder benützte Kopie dient gewerblichen Zwecken gem. § 54 (2) UrhG und verpflichtet zur Gebührenzahlung an die VG WORT, Abteilung Wissenschaft, Goethestraße 49, 8000 München 2, von der die einzelnen Zahlungsmodalitäten zu erfragen sind.

Inhalt

Einleitung:

Ernst Wolfgang Orth
Zur Phänomenologie des philosophischen Textes 7

Beiträge:

Kah Kyung Cho
Anonymes Subjekt und phänomenologische
Beschreibung 21

Samuel IJsseling
Philosophie und Textualität. Über eine rhetorische
Lektüre philosophischer Texte 57

Jan M. Broekman
Darstellung und Diskurs 77

Adriaan Peperzak
Phänomenologische Notizen zum Unterschied zwischen
Literatur und Philosophie 98

Józef Tischner
Das Denken aus dem Innern der Metapher 123

Berichte:

Marvin Faber (1901–1980) in memoriam. Sein Leben und Wirken für die Phänomenologie in USA *(Kah Kyung Cho)* 145

Phänomenologie und Sozialwissenschaft: Alfred Schütz und Aron Gurwitsch. Abschlußbericht über das Kolloquium im ZiF Bielefeld, 16. – 20. Juni 1981 *(Richard Grathoff)* 173

Zur Edition der Vorlesungen Franz Brentanos über Geschichte der Philosophie *(Josef M. Werle)* 178

Buchbesprechung:

Jan Patočka: Jan Amos Komenský – Gesammelte Schriften zur Comeniusforschung *(Käte Meyer-Drawe)* 188

Zur Phänomenologie des philosophischen Textes

Von Ernst Wolfgang Orth, Trier

Philosophie ist auf Texte angewiesen. Das Denken vollzieht sich in literarischer Aktivität und manifestiert sich als Literatur. Diese These von der Literaturgebundenheit der Philosophie, ihrer Angewiesenheit auf Literatur, scheint freilich eine Trivialität; sie gilt auch von den (Einzel-) Wissenschaften. Selbst die Naturwissenschaften, die technischen Wissenschaften und die modernen Sozialwissenschaften, welch letztere ohnehin – wenn auch oft gegen ihren eigenen Willen – zu den Geisteswissenschaften zu zählen sind, haben im Text ein wesentliches Arbeitselement. Gleichwohl wird reklamiert, daß die Sache, um die es geht, etwas anderes als Literatur sei, die eben nicht zur Sache selbst gehöre: die literarische Gestalt sei hier als Gefäß, Verpackung oder Vehikel von etwas anderem anzusehen.

Auch wenn man dies anerkennt, bleibt die Erfahrung schon des Wissenschaftlers mit dem Literarischen beunruhigend genug. Es drängt sich ihm in zweifacher Weise unvermeidlich auf und betrifft seine Sache:

1) Wenn der Wissenschaftler alle relevanten Daten erforscht, seine Methoden überprüft und sein Thema rational strukturiert hat, stellt sich doch noch die Aufgabe der Darstellung, in welcher das Ergebnis allererst zur Geltung kommt. Diese Darstellung ist literarisch, und sie folgt nicht selbstverständlich aus den „wissenschaftlichen" Vorarbeiten, auch wenn diese Vorarbeiten als die Hauptarbeit gelten. Die literarische Verarbeitung gehört einerseits mit zur wissenschaftlichen Leistung und ist

doch andererseits – zumindest in abstracto – von ihr zu trennen. Sie ist in den seltensten Fällen Gegenstand der Reflexion. Der Wissenschaftler hält sich entweder – was seinen Darstellungsstil betrifft – an das, was in seinem Fache ‚Usus' ist, oder er hat ein ‚glückliches Talent', das, was er wissenschaftlich erforscht hat, zudem auch noch literarisch gut darzustellen. Das bedeutet aber, daß der literarisch gelungene wissenschaftliche Text auf wissenssoziologischen oder psychologischen Umständen beruht, die ihrerseits undiskutiert bleiben. Hinzu kommt, daß dieser Prozeß der literarischen Verarbeitung des wissenschaftlich zu Leistenden bereits während des Forschungsprozesses im Spiel ist, in welchem ja dauernd Ergebnisse oder Positionen für das eigene Verständnis und für die Verständigung mit anderen dargestellt, d. h. gestaltet werden müssen.

2) Der Wissenschaftler ist aber darüber hinaus bei seiner Arbeit auch schon auf vorliegende Kenntnisse und Orientierungen verwiesen, in deren Rahmen er seine eigene, spezielle Sach-Untersuchung einfügen muß, möglicherweise auch kritisch einfügen muß. Diese vorliegenden Kenntnisse und Orientierungen sind als wissenschaftliche Literatur gegeben, die zunächst einmal verstanden werden will. Das in der wissenschaftlichen Arbeit gepflegte Pathos des bloßen Sachbezugs erweist sich als ungenau. Der Naturwissenschaftler z. B. studiert nicht in erster Linie die Natur, sondern er studiert ebensosehr die Naturwissenschaft, d. h. vorliegende Ansichten über die Natur, den Naturbegriff und über methodische Zugänge, die eben alle literarisch manifest sind. Das gilt ebenso von dem Sozialwissenschaftler. In den sogenannten Geisteswissenschaften verschärft sich dieses Problem, da die ‚Sache selbst' dort oft an sich schon literarisch ist, weil Orientierungen selbst Thema sind und diese als solche ein Mini-

mum von Literalität nicht unterschreiten. Die Philosophie als eine Wissenschaft von ‚Orientierung über Orientierungen' katexochèn scheint demgemäß in einem besonderen Maße auf Literatur bezogen. Ihre gelegentliche Identifizierung mit Hermeneutik dürfte hier ihr Motiv haben.

Allerdings scheint man nun auch mit dem Begriff der Literatur an eine Grenze zu stoßen. Nicht jede Orientierung – sei sie nun vorgegebenes Thema oder ein neuerlicher, aktueller Vorgang – ist literarisch vermittelt im prägnanten Sinne von Literatur als schriftbezogener sprachlicher Darstellung und Gestaltung. Worauf aber nicht verzichtet werden kann, ist ein Medium überhaupt, an dem und mittels dessen sich Verständnis und Verständigung vollziehen. Literatur ist zumindest der geschichtlich und kulturell sinnfälligste, für uns der paradigmatische Ausdruck der Medialität der Orientierung.
Neuere Wissenschaften, die dem bloß Literarischen zu entgehen wünschen, produzieren so auch lediglich andere Formen der Medialität. Diese Formen kommen in der institutionalisierten Organisation der wissenschaftlichen Arbeit zum Vorschein, eine Organisation, die gleichzeitig eine Art wissenschaftlichen Komment vorschreibt, auf den man sich verstehen muß. Die Benutzung von Apparaten – insbesondere in datenverarbeitenden und datendarstellenden Vorrichtungen (vgl. EDV, Television, audiovisuelle Verfahren) –, auch demonstrativ gepflegte wissenschaftliche Einstellungen und Verhaltensformen gewinnen geradezu eine rhetorische Funktion, die sich heute auch in den akademischen Lehrveranstaltungen als normale und durchschnittliche Diskussions- und Darstellungsformen erweisen und Forschung und Lehre gleichermaßen betreffen. Während in der Philosophie und in den Wissenschaften die Dimension der Rhetorik, die lange

geradezu verdrängt wurde, in den letzten Jahren wieder zur Geltung kommt, hat das Rhetorische selbst sich längst neue Formen zugelegt, die dem eigentlich Rhetorischen als sprachlich-literarischer Verständnis- und Verständigungsfunktion entwachsen zu sein scheinen. Der Ersatz der traditionellen Rhetorik durch außersprachliche und außerliterarische Techniken will dem direkten, unverfälschten Sachbezug Geltung verschaffen. In Wirklichkeit handelt es sich lediglich um eine neue Rhetorik, die nur auf den ersten Blick ihre Gestalt als Medium verbirgt. Ganz sprach- und literaturfrei kann die neue Orientierungstechnik nicht funktionieren, denn sie bedarf des erläuternden Textes, der Gebrauchsanweisung, des Arbeitsgesprächs, der Organisationskonferenz. Sie wirkt aber auch auf die Produktion neuer Texte und Textarten ein.

Dabei ist zu unterstreichen: Nicht erst, nachdem die Sache erforscht ist, stellt sich die Frage nach dem Verständigungsmedium. Schon bei der Befragung der Sache, bei dem Versuch, ein Verständnis zu gewinnen, ja das Thema allererst zu bestimmen, ist das Medium im Spiel: Es wird medial philosophiert und medial Wissenschaft betrieben. Wie schon die Literatur und die Sprache selbst, so hat auch das Medium schlechthin die Eigenart, sich gleichsam zu verbergen, indem es in der Sache aufzugehen oder selbst die Sache zu sein scheint.

Deshalb ist die Berücksichtigung des medialen und insbesondere des Literatur-Charakters der Wissenschaften und der Philosophie in engem Zusammenhang mit der Methodenfrage zu sehen. In dem Maße, wie der Weg zur Sache, die Verfahrensweise, die zur Wahrheit führt, medial bestimmt ist, bedeutet die Medienfrage auch die Methodenfrage. Der Begriff der Methode selbst ist mit einem sprachlichen Bild verknüpft, das älter als die Philosophie und die Wissenschaften ist. Die Weg-Metapher ist bereits eine religiöse Metapher. Ihre sprachliche Kultivierung und Tradierung – auch im Zusammenhang anderer Bilder, z. B. vom curriculum, vom Fahrzeug und vom vehiculum – ist selbst Literatur.

Wenn es in der Philosophie um das Denken des Selbst und der Welt geht, so ist sie immer auch ein aktuelles Denken aus der Lage und Situation, in der der philosophierende Mensch sich befindet. Dabei erweist sich das Methodenmotiv nicht so sehr als die Entdeckung einer patenten Trennung zwischen der Sache bzw. der Wahrheit einerseits und dem Verfahren andererseits; vielmehr ergibt sich die Methode aus einer Besinnung auf die Weltstellung und Erkenntnisstellung des philosophierenden Menschen selbst, der sich seine Untersuchungsposition nicht außerhalb der Welt und seiner selbst suchen kann, sondern sich bereits allfällig im Sinngeflecht seiner Welt- und Selbstorientierung befindet.[1] Gerade im Blick auf die mögliche Aktualität der Philosophie und ihre tatsächliche Leistungsfähigkeit wurde deshalb schon 1960 ‚Die literarische Ausdrucksform in der Philosophie und die Frage nach dem möglichen Sinn der Philosophie heute' zum Untersuchungsgegenstand gemacht. Die Erforschung der Philosophie als Literatur sollte dabei ausdrücklich der Wiedergewinnung einer authentischen Einführung in die Philosophie dienen (Marías). Bemerkenswerterweise ist es gerade nicht die Phänomenologie, die sich zunächst solchen Aufgaben zugewandt hätte.

Aber in folgenden Richtungen ist die Phänomenologie doch literaturkundlich oder textanalytisch wirksam geworden:

---

[1] Das Bild von der Erkenntnisstellung und Weltstellung des Menschen spielt in der Philosophie des 19. Jahrhunderts eine große Rolle (bei Lotze, Dilthey und A. Riehl).

1) Die Rolle der Sprachlichkeit und damit der Literaturbezogenheit alles Verstehens kommt zur Geltung in der *hermeneutischen Philosophie*, die Gadamer 1960 mit seinem Buch ‚Wahrheit und Methode' grundlegend und fortwirkend entwickelt hat. Aber der Weg führt über die Verwandlung der Phänomenologie durch Heidegger und ist bestimmt durch die Kritik an der systematischen, transzendental bewußtseinstheoretischen Philosophiekonzeption der Husserlschen Phänomenologie, die der Geschichtlichkeit letztlich nicht gerecht werde.

2) Die Wiederbelebung des *philosophischen Interesses an der Rhetorik* und am topischen Denken ist zunächst kein phänomenologisches Anliegen; es verbindet sich aber neuerdings mit der phänomenologischen Betrachtungsweise, indem es Motive aus Husserls späterer Philosophie fruchtbar zu machen sucht (IJsseling).

Übrigens ist bei beiden Richtungen – der hermeneutischen Philosophie und der Rhetorikforschung – neben allen speziellen philosophischen Sichtweisen ein einfacher Umstand zu erwähnen: Es handelt sich auch um die umsichtige und schlicht sachliche Pflege historischen Wissens, um den Versuch nüchterner und selbstkritischer Würdigung der kulturellen Überlieferung, die offensichtlich – philosophische Pointen zu Geschichtlichkeit, Textualität und dergleichen hin oder her – ihren Orientierungswert in sich haben.

3) Die neuere *französische Textphilosophie* ist demgegenüber weniger fixierbar hinsichtlich ihrer nachvollziehbaren historischen Interessen und verfolgt eine gewisse Neigung für das – gelegentlich kritisch erhellende – pointierte Aperçu. Über Merleau-Ponty werden phänomenologische Motive mit neueren strukturalistischen und psychoanalytischen Ansichten zu einer Philosophie der Textur verbunden. Die Kritik an der Möglichkeit eines persönlich

verantwortlichen Autors oder Lesers erscheint hier so weit getrieben, daß die Möglichkeit einer Philosophie, die einen personal bestimmbaren Menschen voraussetzt, einschließlich dieser Kritik selbst, in Frage gestellt ist. Die Textur droht sich jeder Deutung gegenüber zu verselbständigen und verliert damit ihre Bedeutung (Derrida).

4) In engerer Beziehung zur Husserlschen Phänomenologie hat sich eine Texttheorie entwickelt, die im Rahmen der sogenannten *Rezeptionsästhetik* auf das literarische Kunstwerk bezogen ist und also gerade nicht – oder noch nicht – den philosophischen Text selbst als Literatur (oder als Literaturgattung-en) untersucht. Im Anschluß an das bedeutende literaturtheoretische Werk des Husserl-Schülers Roman Ingarden werden phänomenologische Methoden (der Aktanalyse) für die Klärung der Konstitution literarischer Texte – insbesondere, soweit es die Aktivität des Lesers betrifft – eingesetzt (Iser). Eine phänomenologische Theorie des philosophischen Textes – z. B. auch des phänomenologischen Textes selbst – ist damit wie mit den vorigen Forschungsrichtungen noch nicht geleistet und wohl auch nicht angestrebt. Gerade beim letzten Beispiel bleibt die Phänomenologie, die hier das Untersuchungsinstrumentarium praktikabel zu liefern hat, als solche in ihrer eigenen Literaturgebundenheit und Medialität anonym.[2]

Zu beginnen hätte eine solche Phänomenologie des philosophischen Textes mit einer deskriptiv-phänomenologischen Analyse der Phänomene und Probleme der literari-

---

[2] Formen technischer Medialität in konkreten wissenschaftlichen, z. B. gerade phänomenologischen Erfahrungen werden bei Don Ihde thematisiert. Don Ihde: Experimental Phenomenology, New York 1977; ders.: Technics and Praxis, Boston, Mass. 1978.

schen Gattungen in der Philosophie, die gleichsam als vorläufige manifeste Typen von Arbeitseinstellungen angesehen werden können. Dem Umstand, daß Beschreibung – ein emphatisches Schlagwort der Phänomenologie – ansatzweise selbst schon Literatur ist, sollte besondere Aufmerksamkeit geschenkt werden, wenn das Phänomen der Literatur und das der Literaturgebundenheit der Philosophie ‚beschrieben' wird. Deshalb müssen ja „in der anfangenden Phänomenologie alle Begriffe bzw. Termini in gewisser Weise im Fluß bleiben", „immerfort auf dem Sprunge, sich gemäß den Fortschritten der Bewußtseinsanalyse und der Erkenntnis neuer phänomenologischer Schichtungen innerhalb des zunächst in ungeschiedener Einheit Erschauten zu differenzieren" (Hua III, 206). „Die Untersuchung bewegt sich gleichsam im Zickzack." (LU II/1, 17, vgl. FtL, 111) Aber diese Einsichten in die Zirkelstruktur und in die Unvermeidlichkeit von zunächst ungedeckten Antizipationen dürfen nicht hindern, das literarische Phänomen eben zu beschreiben, um so in der „zunächst" möglicherweise „ungeschiedenen" (also unkritischen) „Einheit" einen Leitfaden zu haben. Wenn die phänomenologische Philosophie die Literalität der Philosophie selbst zum Thema macht – ihr Methodenideal der Beschreibung scheint a limine Literatur zu implizieren –, darf und muß sie sich nicht sogleich durch die offensichtliche Zirkelstruktur von der Arbeit abhalten lassen. Aber Literatur in irgendeinem nennenswerten Sinne ist zunächst ganz und gar nicht Husserls Thema. Sein Forschungsideal ‚zu den Sachen selbst' erscheint eher antiliterarisch. Wohl wird von der Sprache im Zusammenhang logischer und erkenntnistheoretischer Untersuchungen gehandelt. „Von dem Faktum der Sprachen" muß man zwar „ausgehen" (LU II/1, 22); denn: „Alle theoretische Forschung... terminiert doch zuletzt in Aussagen" als sprachlichen Ausdrücken (LU II/1, 3). Aber die faktische Sprachlichkeit ist zu durchstoßen – hin auf rein logische Strukturen, die als solche in ideierender Abstraktion intuierbar sind. Die so zu gewinnende rein logische Grammatik ist gerade keine universale linguistische Grammatik (LU II/1, 338 ff.). Die Beschäftigung mit der Sprache scheint nur einer Art Freilegung des eigentlichen Themas zu dienen und schließlich eher auf eine Befreiung von der Sprache überhaupt hinauszulaufen. In der Konsequenz dieser Auffassung nennt Max Scheler 1914 im Hinblick auf die Idee der Selbstgegebenheit „die phänomenologische Philosophie eine fortwährende Entsymbolisierung der Welt" (Scheler X, 384). Aber schon 1915 spricht er von dem „Wort" als ursprünglichem „Erlebnisübergang", „als Anfangs- und Endpunkt einer intentionalen Bewegung" (Scheler III, 180).

Auch Husserl bestätigt bereits in den LU die Unvermeidlichkeit des Wortes in der „innig verschmolzenen Einheit von eigentümlichem Charakter", welche im Bewußtseinsleben manifest wird: „...während wir die Wortvorstellung erleben, leben wir doch ganz und gar nicht im Vorstellen des Wortes sondern ausschließlich im Vollziehen seines Sinnes, seines Bedeutens", und es „gehört unser ganzes Interesse dem in ihr (der Bedeutungsintention) intendierten und mittels ihrer genannten Gegenstande" (LU II/1, 39 f.). Hier kann das Interesse an der Sprache nicht mehr nur im bloßen Durchstoßen des Ausdrucks auf die Sache liegen; denn die sprachliche Ausdrücklichkeit erweist sich als unvermeidliche Medialität des Bewußtseins selbst, sozusagen als Preis seiner Bedeutsamkeit.

Es ist in der Tat charakteristisch für Husserls zunächst bloß rein-logischen Zwecken dienende – negativ kritische – Sprachbetrachtung, daß dabei doch mehr und mehr die Sprache positiv zur Geltung kommt. Auf dem weiteren

Weg der phänomenologischen Forschung wird möglicherweise ebenso die Rolle des Literarischen sich zunehmend als positives Thema erweisen.

Die Unvermeidlichkeit des sprachlichen Ausdrucks kommt auch in Husserls ‚Prinzip aller Prinzipien' zur Geltung, wo es doch um das ganz unliterarische ‚originär' Gegebene geht: „Was sich uns in der ‚Intuition' originär darbietet", sei „einfach hinzunehmen", „als was es sich gibt, aber auch nur in den Schranken, in denen es sich da gibt". Und dann sozusagen die literarische Aufgabe: „Jede Aussage, die nichts weiter tut, als solchen Gegebenheiten durch bloße Explikation und genau sich anmessende Bedeutung Ausdruck zu verleihen, ist also wirklich... ein absoluter Anfang..., principium." (Hua III, 52) Sollte das heißen: am Anfang ist die Literatur? Als Explikation und bedeutsamer Ausdruck!
1910/1911 hat Husserl es so formuliert: „...die Phänomene... haben ein in unmittelbarem Schauen faßbares, und adäquat faßbares Wesen: Alle Aussagen, die Phänomene durch direkte Begriffe beschreiben, tun es, soweit sie gültig sind, durch Wesensbegriffe, also durch begriffliche Wortbedeutungen, die sich in Wesensanschauung einlösen lassen müssen." (‚Philosophie als strenge Wissenschaft', Logos I, 314) „All das führt den Titel ‚Bewußtsein von' und ‚hat' eine ‚Bedeutung' und ‚meint' ein ‚Gegenständliches' ..." (ebd.)
Was ist das für eine Sprache, deren sich diese ursprüngliche Beschreibung bedient, wo es um ‚Wesen' und ‚Wesensverhalte' geht? Noch in den CM heißt es vom „Eidos", das „erschaubares Allgemeines" ist: „Es liegt vor allen Begriffen im Sinne von Wortbedeutungen, die vielmehr als reine Begriffe ihm angepaßt zu bilden sind." (Hua I, 105) Daß Husserl keine neue Sprache und Litera-

tur – als eine ganz andere Sprache und Literatur – anstrebt, geht aus seinem Satz zur transzendental phänomenologischen Reduktion hervor, die ja gerade die methodische Organisation der Wesensforschung ist: „Wir können sogar ruhig fortfahren (sc. nach der Reduktion) zu sprechen, wie wir als natürliche Menschen zu sprechen haben; denn als Phänomenologen sollen wir nicht aufhören, natürliche Menschen zu sein und uns auch in der natürlichen Rede als das zu setzen." (Hua III, 151 f.) Husserl will die unvermeidliche sprachliche Verarbeitung, die eine noematische Intentionalität ist (d. h. eine Fassung mittels so oder so konstituierter Ausdrücke als Medien), lediglich nicht voreilig auf bestimmte etablierte Formen der Ausdrücklichkeit festlegen, sondern bis in den Ursprung der beschreibenden und erkennenden Aktivität zurückreichen. Ist das verstanden, dann kann wie üblich weitergesprochen werden. Die ursprüngliche Aktivität ist aber die intentionale Erfahrung (das oben genannte ‚Bewußtsein von'). Mit der Intentionalität ist aber auch die Medialität jeder Orientierung gewonnen und damit auch der Ursprung aller Literatur.

Es bedurfte eines langen Forschungsweges, bis diese systematisch-methodischen Überlegungen auf die konkreten Phänomene der Literatur und der Philosophie als Literatur applizierbar waren. Das Verständnis der Intentionalität als einer Bestimmung des Bewußtseins selbst, nicht als bloße hinzukommende Aktivität auf etwas hin, mußte gewonnen werden. Die transzendental philosophische These von der Intentionalität des Bewußtseins mußte über ein ausführlicheres Verständnis der Intuition und Reduktion als der phänomenologischen Hauptmethoden (Hua I, 106) mit der These verknüpft werden, „daß jedes transzendentale Ich der Intersubjektivität (...als Welt... mitkonstituierendes) notwendig als Mensch in der Welt

sein muß" und seine Transzendentalität als „Selbstbesinnung" in der Welt bezeugt (Hua VI, 189f.). Intentionalität bedeutet ursprüngliche Weltlichkeit des Bewußtseins, das heißt: Menschsein mit menschlicher Rede in intersubjektiven Beziehungen.[3]
1931 findet Husserl eine Formulierung, die einen direkten Bezug zur Literaturbedeutung der Philosophie hat: „Das menschliche Sein ist Sein in der Endlichkeit derart, daß es beständiges Sein im Bewußtsein der Unendlichkeit ist."
„Man beachte, daß jedwede natürliche Rede mit ihrer natürlichen Bildlichkeit (...) Rede und Bildlichkeit aus der Weltlichkeit ist, und daher alle phänomenologische Rede, sofern sie die natürliche Sprache benutzen muß (!), ihren Sinn voll wandelt." (Hua XV, 389) Damit bezeichnet Husserl die Spannung, welche die Literatur und auch die philosophische Literatur aushalten muß: es ist der dauernde und unaufhebbare Bezug zwischen der Wahrheit und ihrer medialen Gestaltung. Daß die phänomenologische Rede den Sinn der natürlichen Sprache völlig wandelt, ist nicht etwa ein Hinweis auf die Möglichkeit einer linguistisch ganz anderen Sprache. Dieser Sinneswandel ist vielmehr das, was immanent in jeder literarischen Leistung geschieht, die sich keiner anderen als der natürlichen menschlichen Sprache bedienen kann.
Diese ursprüngliche Verflochtenheit von Wahrheit und ihrer Darstellung ist ein radikales Konstituens des Menschen: „Der Mensch des alltäglichen Lebens ist doch nicht vernunftlos, er ist denkendes Wesen, er hat das καθόλου

---

[3] Zur Wechselbeziehung von Intuition und Reduktion, zur Pluralität der Husserlschen Reduktionsmethode und damit der Relativierung sogenannter letzter Gegebenheiten vgl. E. W. Orth: Phänomenologische Reduktion und intentional-analytische Orientierung. Möglichkeiten und Grenzen der Sprachphilosophie, in: Philosophy and Social Criticism vol. 7, Nr. 3/4 (1980) 321–344.

gegenüber dem Tier, er hat daher Sprache (!), Beschreibung (!), er schließt, er stellt Wahrheitsfragen..." (Hua VI, 270)

Auf „die wichtige Funktion des schriftlichen, des dokumentierenden Ausdrucks", die „sozusagen virtuell gewordene Mitteilung" (Hua VI, 371), wird Husserl direkt aufmerksam im Zusammenhang von Wissenschafts- und Philosophiegeschichte, die für ihn mehr und mehr systematische Bedeutung gewinnen (die Beilage III der Krisis zum Ursprung der Geometrie ist ein Paradebeispiel dafür). In seiner Spätphilosophie widmet Husserl den Fragen der literarischen Verarbeitung und Dokumentation des Denkens und der Wissenschaften Untersuchungsansätze, die direkt an den konkreten Phänomenen orientiert sind (Hua VI, 511). Die „Sinnauslegung" erweist sich ihm selbst für die engere logische Forschung unerläßlich (FtL, 116ff.). Diese Ansätze Husserls in Verbindung mit seinen weitreichenden Intersubjektivitätsanalysen sind geeignet, das Forschungsdesiderat einer Beschreibung philosophischer Literaturgattungen zu erfüllen. Ihr Ziel muß es auch sein, den abstrakten Gedanken von der Medialität der Orientierung in konkrete Forschungsaufgaben umzuformulieren und die tatsächlichen literarischen Gestalten der Philosophie zu untersuchen.

Literaturverzeichnis

Derrida, J.: L'écriture et la différence, Paris 1967.
Gadamer, H.-G.: Wahrheit und Methode, Tübingen 1960.
Ihde, Don: Experimental Phenomenology, New York 1977
–: Technics and Praxis, Boston, Mass. 1978.
IJsseling, S.: Rhetoric and Philosophy in Conflict. An historical survey, The Hague 1976.

Iser, W.: Der Lesevorgang. Eine phänomenologische Perspektive, in: Rezeptionsästhetik, hrsg. von Rainer Warning, München 1975, 253–276.

Marías, J.: Die literarische Ausdrucksform in der Philosophie und die Frage nach dem möglichen Sinn von Philosophie heute, in: Sinn und Sein, hrsg. von Richard Wisser, Tübingen 1960, 31–45.

Orth, E. W.: Phänomenologische Reduktion und intentional-analytische Orientierung. Möglichkeiten und Grenzen der Sprachphilosophie, in: Philosophy and Social Criticism vol. 7, Nr. 3/4 (Boston, Mass. 1980) 321–344.

Anonymes Subjekt und phänomenologische Beschreibung

Von Kah Kyung Cho, Buffalo

> „Erfüllt die Philosophie ihren Urstiftungssinn als universal und letztbegründende Wissenschaft, wenn sie dieses Reich (der subjektiven Phänomene) in ihrer Anonymität beläßt?"
> (*Krisis*, Hua VI, 114f.)

I.

Unter den vielfach befruchtenden Anstößen, die von Husserls Philosophie ausgehen, scheint mir an suggerierender Kraft wie auch an tatsächlicher Breitenwirkung nichts so augenfällig wie der Versuch, die ursprüngliche Dimension der *reinen Erfahrung* freizulegen. Ob es sich um Raum, Zeit oder körperliche Dinge, um abstrakt logische Gebilde oder um Gefühle, Werte und ästhetische Erlebnisse handelt, die von Husserl inspirierte phänomenologische Forschung sucht sich stets am absoluten Nullpunkt der jeweiligen Weltbegegnung zu orientieren, dem „an sich Ersten" der intuitiven Erfahrung. Grundlegend für die Durchführung dieser Aufgabe ist die *korrelative* Betrachtungsart, dergemäß die wechselseitige Deckung von Intention und intendiertem Gegenstand, von anschaulicher Evidenz und Wahrsein anstelle der urteilsmäßigen „Richtigkeit" der Aussage den eigentlichen Maßstab der Wahrheit bildet. In diesem Spannungsfeld des ineins subjektiv und objektiv gerichteten Fragens ist der wohl fruchtbarste Ansatz des phänomenologischen Denkens beschlossen. Die wachsende Vertiefung und Ausweitung dieses Ansatzes bestimmt offensichtlich die Etappen, in denen sich die

Phänomenologie, über die engeren Entwicklungsphasen ihres Gründers hinaus, zu einer weltweit Erlebnishorizonte verschmelzenden Philosophie herausgebildet hat. Entsprechend Husserls methodischer Konzeption der korrelativen Betrachtung bedeutet das Anonyme, von dem im eingangs angeführten Zitat die Rede ist, ein zweifaches. Es bezeichnet erstens den Gegenstandsbereich des vorwissenschaftlichen Weltlebens, dessen Recht trotz seiner Bedeutung als der „Geltungsfundierung" für die objektive Welt der Wissenschaft von dieser „verkannt" und unthematisiert geblieben ist. Zweitens bezieht sich die Anonymität auf die „fungierende" Eigenart der Intention, die sozusagen hinter dem Rücken des wissenschaftlichen Selbstverständnisses für das Weltleben „sinnstiftend" wirkt und dieses nicht minder kategorial strukturiert als die Welt der Wissenschaft. Solche sinnstiftende und kategoriale Leistung wird zuletzt an einem besonderen Punkt festgemacht als Ursprung und Träger aller objektiven Seinsgeltung, einem *Subjekt,* das in seiner transzendentalen Funktion eigentlich mit keinem welthaft seienden Subjekt gleichgesetzt werden soll. Trotz der zugestandenen Anonymität bleibt aber der namentliche Hinweis auf eine egologische Polarisierung beibehalten. Geblieben ist somit auch der Verdacht, daß Husserl in den passiven Untergrund des Bewußtseinslebens den gleichen Sinn der Subjektbezogenheit hineinträgt wie bei den höherstufigen logischen Leistungen. Bedenken erregt dabei der Umstand, daß möglicherweise das dem alltäglichen Weltleben zugrunde liegende Subjekt, das jeweils sinnlichleibliche Wesen in einer konkreten und bedingten Situation, in seinem faktischen Lebensvollzug verkannt und identisch gesetzt werde mit dem im meditierenden Nachvollzug thematisch begriffenen Subjekt.

Wenn es eine aus der Konsequenz der transzendentalen

Ausrichtung der Husserlschen Phänomenologie notwendig sich ergebende Forderung ist, daß jede Rede vom Sein der Welt und in der Welt auf ihren leistenden Sinn hin befragt werden soll, so ist es auch eine im Hinblick auf die ursprüngliche Korrelationsthematik seiner Phänomenologie berechtigte Frage, ob eine wechselseitige Deckung von intendiertem Sinn und Wahrsein im Falle des anonymen Subjekts zurecht besteht, oder nicht vielmehr ein rekonstruierter Sinn vermeintlich für die reine Weise des Erfahrenwerdens dieses Subjekts gehalten worden ist. Mit anderen Worten, wir stellen uns zur Aufgabe, den Sinn der Anonymität des Subjekts auf die Möglichkeit ihrer angemessenen phänomenologischen Beschreibung hin zu untersuchen. Das anonyme Subjekt wäre dann angemessen phänomenologisch beschrieben, wenn es so zur Darstellung gebracht würde, „wie es sich von ihm selbst her zeigt". Bei dieser Aufgabenstellung um das Phänomen des anonymen Subjekts wird von dem Zusatz „in der Literatur" bewußt abgesehen, damit ihre Behandlung im Rahmen der engeren, philosophischen Literatur wenigstens die Übersichtlichkeit behält, die vor einem erweiterten Hintergrund der allgemeinen Literatur leicht verloren ginge. Wo jedoch die Grenzen der Literatur mit denen der Philosophie ineinanderfließen, soll gelegentliche Explikation des Themas anhand der außerphilosophischen Quelle nicht ausgeschlossen bleiben.

Vorwegnehmend ist zu unterstreichen, daß das Wort „anonym" im Grunde genommen ein transzendentaler Begriff ist. Ich meine dies nicht nur mit Bezug auf die Phänomenologie Husserls, sondern mit dem Hinweis auf den klassischen Vorfall, daß bereits in der Transzendentalphilosophie Kants die verborgene Funktion und wahre Bedeutung des Subjekts widerstreitende Reaktionen ausgelöst haben. Die *Kritik der reinen Vernunft* stellt die Tafel der Kategorien auf mit dem Anspruch, daß sie vollständig sei und die alle Zeit zu befolgenden Grundsätze des Denkens enthalte. Doch *wer* das Subjekt dieses Denkens in Wirklichkeit sei, war offenbar innerhalb des systematischen Zusammenhangs der *Kritik* eine noch unentschiedene Frage. Deshalb setzte sich die Kant-Forschung der Nachwelt mit dieser Frage eingehend auseinander und wartete mit drei verschiedenen Antworten auf. Erstens ist es eine allgemeine Vernunft, entweder im Sinne der Aufklärung oder als Abwandlung der theologischen Vorstellung Gottes. Hegels absoluter Geist ist das bestbekannte Beispiel. Zweitens bedeutet es den einzelnen, empirischen Menschen, dessen faktische Denkgewohnheiten, soweit sie sich bei der inneren Beobachtung der seelischen Vorgänge induktiv verallgemeinern lassen, mit den idealen Notwendigkeiten dieser Kategorientafel übereinstimmen sollen. Diese Ansicht vertrat Fries, der die „Kritik der Vernunft" als eine auf Selbstbeobachtung beruhende Erfahrungswissenschaft umdeutete (Fries, 110). Die dritte Auffassung sieht in der denkenden Handlung weder ein allgemeines, metaphysisches, noch ein einzelnes, empirisches Subjekt, sondern lediglich den Ausdruck für rein logische Beziehungen und Relationen. Aussagen über solche Handlungen wie „verbinden" und „Gesetze vorschreiben" sind als bloße Bilder gemeint, während der wahre Träger des Denkens das reine logische System mit den systemimmanenten logischen Notwendigkeiten ist. Unter den Neukantianern trat besonders Hermann Cohen mit dieser Auslegung hervor (vgl. Martin, 256f.).

Die letztgenannte Lösung Cohens verdient, ungeachtet der Überlegung, ob und inwieweit sie dem Geist der Kantschen Philosophie gerecht geworden sei, eine besondere Beachtung, weil sie der Tendenz nach die zwiespältige

Fragestellung vorwegnimmt, in der wir heute das Problem des transzendentalen Subjekts wiedererkennen. Cohen steuert auf eine Richtung zu, die in bedeutenden Stücken mit der phänomenologischen zusammenfällt. Er räumt die starren Gegensätze zwischen Subjekt und Objekt, zwischen reinen Anschauungs- und Verstandesformen beiseite und löst sie in die Akte anschauender, denkender Gestaltung auf. In einer stark idealistisch gefärbten Fassung präsentiert er so die korrelative Betrachtungsweise und Konstitutionsthematik, die keine Gegenständlichkeit ungeworden und ungedacht dastehen lassen. Aber mit demselben Zug streift Cohen das transzendentale Subjekt als einen punktuellen Beziehungsbegriff ab und setzt an seine Stelle ein System, das kein abgeschlossenes ist, sondern ein offenes und selber zeugendes ist. Die Erkenntnisse als System „enthalten nicht nur das, was ermittelt ist, sondern in sich zugleich das, was fraglich bleibt" (Ziegenfuß I, 196). Mit anderen Worten, in Cohens Logik der reinen Erkenntnis existieren zwei widerstreitende Tendenzen: ein formalistisches Denken, das jene Art der Reflexion desavouiert, die sich auf ein Subjekt bezieht und „egologisch" verfährt, und die starke Betonung der „fungierenden" Seite des Denkens, das den Gegenstand nur in Korrelation auf die ihn erzeugende Tätigkeit, auf die Akte des Denkens anerkennt. Außerdem ist sein Hinweis auf ungelöste Fragen als positive Bestandteile innerhalb eines gegebenen Erkenntnissystems deshalb bedeutsam, weil mit der Frage nach dem anonymen Subjekt nicht nur seine Identität und Funktion, sondern gerade seine *Grenzen* zum zentralen Problem der philosophischen Reflexion erhoben werden. Für die Phänomenologie stellt sich diese Frage als die Problematik ein, die die Grenzen der Reflexion mit in die Reflexion einzubeziehen sucht. Die Klärung der *Abhängigkeit* der Reflexion von dem unreflektierten Leben wird so zu einer besonderen Aufgabe des Denkens. Das Anonyme verweist über die Sich-selbst-Gleichheit des Ego und seine intentionale Gegenständlichkeit hinaus auf eine Dimension, die bezeichnenderweise negativ mit den Worten wie das „Unvordenkliche", „Ungedachte" und „Schatten"[1] belegt zu werden pflegt. Mit der Feststellung, daß die Frage nach dem anonymen Subjekt eine transzendentale sei, sofern sie sowohl hinter das alltägliche Selbstverständnis der Lebenswelt als auch hinter das wissenschaftliche Selbstverständnis der „an sich seienden", objektiven Welt zurückfragt, sollte aber keineswegs im voraus entschieden worden sein, ob sich ein transzendentales Subjekt jedesmal aus dem Hinterhalt solchen Verständnisses anzumelden hat. Der phänomenale Befund der reinen intuitiven Erfahrungen, der Schicht des sogenannten „Unbewußten" in seiner präreflexiven Spontaneität, berechtigt eher die Gegenfrage, wozu denn die Annahme eines aktiv verbindenden und sinnstiftenden Subjekts erforderlich wäre. Wurde nicht der Strom von zeitlich seienden Erlebnissen, als welcher das psychische Leben „unbewußt" für sich selbst eine kontinuierliche

---

[1] In dem allem Denken vorausliegenden Sein, dem „Unvordenklichen" erblickte Schelling das „positive" Prinzip seiner Philosophie, die noch im Schoß des Deutschen Idealismus heranreifte, die aber bereits über ihn hinauswies in eine neue Richtung der Philosophie des 20. Jahrhunderts. Schelling nannte dieses Urfaktum „Existenz". Kierkegaard stilisierte sich selbst dann als „den existierenden Denker", und Heidegger übernahm in die Terminologie seiner Existentialontologie die „Faktizität" des Daseins, deutlich dem Schellingschen *factum brutum* nachempfunden (vgl. Löwith, bes. das Kapitel „Schellings Verbindung mit den Junghegelianern", 130 ff.). Im Überdenken der Transzendentalphänomenologie Husserls verfestigte Merleau-Ponty seine Position, die eine gewisse historische Parallele bildet zu Schellings Polemik gegen Hegel. Der „Schatten" in seinem Aufsatz (Merleau-Ponty 1959, 195 ff.) bezeichnet das von einem Denker „Ungedachte", das gleichwohl sein Denken bestimmt und begrenzt.

Synthese vollzieht, von dem früheren Husserl noch ohne irgendwelche Bezugnahme auf das transzendentale Ich beschrieben? Cohens Kant-Interpretation hielt sogar das transzendentallogische Subjekt hinter der höchsten kategorialen Leistung des Bewußtseins für überflüssig. Sollte man nicht auch versucht sein, den Begriff des transzendentalen Ich als eines selbständigen und emanatistischen Sinnträgers gerade dort zugunsten der faktisch erlebten Gegenstandskorrelate aufzugeben, wo sich das Bewußtseinsleben am unmittelbarsten äußert und in das „Gerede" des Alltags verliert, im sprachlichen Vorgang? In seiner Beschreibung des sprachlichen Phänomens setzte Merleau-Ponty denn auch bei der unteren Schicht des „leiblichen Ausdrucks" an und entfernte das sprechende Subjekt gänzlich aus dem Bilde. Im Grunde spricht der Mensch so, „wie eine elektrische Glühlampe aufleuchtet".[2] Das Sprechen wird dargestellt als ein unpersönliches, automatisches Vorkommen, grundsätzlich immer auf die dritte Person bezogen.[3] Denn auch wenn es sich bei dem Sprechenden um die erste Person handelt, bleiben die inneren Vorgänge, wie man den phonologischen Gesetzen folgt, wie man sich der grammatischen Regeln bedient usw., im aktuellen Vollzug der Sprechakte verborgen. Daß die betreffende Person über die eigenen seelischen Zustände immer besser Bescheid wissen müsse, ist eine idealistische Abstraktion.

---

[2] Merleau-Ponty 1966, 208. Boehm übersetzt wörtlich: „Der Mensch kann demnach sprechen, wie eine elektrische Birne glühen kann."
[3] Roland Barthes macht die interessante Bemerkung, daß mit dem Personalpronomen „er" im Grunde nicht die Anwesenheit, sondern vielmehr die *Abwesenheit* der dritten Person impliziert sei. Wahrhaftig anwesend seien nur die erste (Ich) und zweite (Du) Person. Das unbestimmte Personalpronomen „man" verweise auf eine unbestimmte, aber anwesende Person, während ein solcher Personenbezug im Falle von „er" abhanden komme. Barthes, 160.

Demgegenüber wußte der spätere Husserl allerdings folgendes zu sagen. „Was schließlich das jetzt so viel verhandelte Problem des ‚Unbewußten' anbelangt", schreibt er in *Krisis* (Hua VI, 192) ahnungsvoll, „so fällt es selbstverständlich unter die transzendentale Problematik der Konstitution." Daß über das Problem des Unbewußten danach auch sehr viel verhandelt wurde, daß aber dies keineswegs nur unter dem Zeichen der transzendentalen Konstitution geschah, ist eine inzwischen hinreichend bezeugte Tatsache. Das Problem des Unbewußten entwickelte sich vielmehr in jene andere Richtung, von wo aus die Husserlsche Konstitutionsthematik gerade in ihrer einseitigen Begrenztheit radikal in Frage gestellt wurde. So steht heute die Beschreibung der korrelativen Aspekte zwischen Bewußtsein und intentionalem Gegenstand einerseits unter dem Gebot der „Ich-Beteiligung", andererseits aber im Zeichen der Negation dieses Gebotes. Soll eine Beschreibung insbesondere deshalb phänomenologisch genannt zu werden verdienen, weil sie den im Vollzug begriffenen Akt in einer nachvollziehenden Reflexion thematisiert, so muß die Rede vom Ausschluß des Ich gerade in der Eigenschaft eines solchen doppelten Vollziehers absurd erscheinen. Denn reflektiv nachvollziehen läßt sich nur, was vorerst unreflektiv, aber unmittelbar einem Bewußtsein gegenwärtig sein muß. Und für Husserl ist kein Bewußtseinsakt ohne, wenn auch verborgene, ichliche Beteiligung denkbar. Aber Merleau-Ponty ist einen Weg gegangen, auf dem der *actus exercitus* ausdrücklich in seiner Ohnmacht, nicht noch gleichzeitig rein „schauend" hinter sich selbst zurückbleiben zu können, also nicht mehr in der Perspektive des über sich selbst hochgewölbten, transzendentalen Ich, zur Darstellung kommen sollte. Sehr wohl bewußt wird bei ihm daran festgehalten, daß zwischen dem ursprünglichen Vollzug und dem reflektierenden Nachvollzug unterschieden werden muß. Vermag doch keine noch so gründlich durchgeführte Meditation den ursprünglich widerfahrenden Vorgang voll zu thematisieren und sich selbst transparent zu machen.

So taucht das Subjekt, als Träger der Handlung, der selber kein Träger des reinen Schauens ist, im aktuellen Vollzug unter in seinem weltlichen „Engagement", in seinem „Sein *zur* Welt", wie Landgrebe die Position Merleau-Pontys in einem eindringlichen Vergleich von der transzendentalen Einstellung Husserls abhebt, die ihrerseits zuletzt als „Freiheit *von* der Welt" gerechtfertigt wird.[4] Daß die reflektierenden Akte selber wiederum in einer nachkommend reflektierenden Aktivität zum Thema erhoben werden können, ändert aber nichts daran, daß diese neue Aktivität genauso wie bei der *intentio recta*, bei den primär geradeaus auf die Objekte gerichteten Akten, den unthematisierten Rest vom „lebendig fungierenden *Tun*" zurückläßt (Hua VI, 111). Je nachdem, welcher Vollzugssinn überwiegt, ob der primär, d. h. anonym fungierende, oder der sekundär, d. h. reflektiv auf die Akte bezogene Modus des Gerichtetseins gemeint ist, verschiebt sich die Perspektive der phänomenologischen Beschreibung.

Husserl trägt in seiner Beschreibung des Vollzugssinns des intentionalen Lebens der Tatsache voll Rechnung, daß es dem nachzüglich reflektierenden Bewußtsein nicht möglich ist, das unmittelbare Erleben selbst voll einzuholen; aber diese Beschreibung erhebt nichtsdestoweniger den Anspruch, die einzig berechtigte und verantwortliche

---

[4] Landgrebe 1968, 181, neigt zu der Ansicht, daß Husserls Haltung des „unbeteiligten Zuschauers" ein „tieferes Recht" zuzuerkennen sei als der weltzugewandten Haltung des „engagement", die Merleau-Ponty für sich in Anspruch nimmt.

Weise der phänomenologischen Deskription zu sein. Denn beschreiben ließe sich jeder Erlebnisvorgang nur mit Ich-Beteiligung, auch dann, wenn der betreffende Akt von seinem Träger augenblicklich „unbewußt" vollzogen werden sollte. Auch die sogenannte „passive" Synthese läßt sich nur korrelativ auf ein *Ich* als „Einheitspol" beschreiben, auf den alle Affektionen „hintendieren" (Holenstein 1972, 343). Wieviel mehr muß dem anonym fungierenden Tun an *ego-logischer* Kompetenz zugerechnet werden, wenn die Reflexion den *actus exercitus* in einer Weise nachvollziehen und „festhalten" will, daß sie dafür verantwortlich ist, daß es „mitteilbar" wird? „Festhalten heißt", expliziert Landgrebe den transzendentalen Sinn des Nachvollzugs, „zum Subjekt oder Prädikat machen unter Verwendung der in der Sprache üblichen Ausdrücke und bekannten Wörter."[5] Aber durch dieses Kriterium der Mitteilbarkeit gewinnt für die transzendentale Konstitution das reflektiv objektivierende Moment, der *actus signatus*, den entscheidenden Vorrang. Nicht nur die höherrangigen, ichlichen Setzungen, die kategorialen Funktionen des Verstandes, sondern die vorprädikative, sinnlich-leibliche Schicht des Bewußtseinslebens werden sich so dem Zwang zur unbedingten Verallgemeinerung, der signativen Objektiviertheit der konstitutiven Leistung beugen müssen. Doch die Einsicht, die durch solche transzendentale Reflexion in die verborgene Arbeitsweise des Ich vermittelt wird, bezieht sich nicht so sehr auf den Inhalt der unmittelbaren Erfahrung als vielmehr auf das Darum und Daran derselben. Bereichert ist dabei die Einsicht in den „präreflexiven" Bezug, der jedem faktischen Vollzieher der Akte voranliegt, „in der Kontrolle des Könnens der *kinästhetischen* Bewegungen" (Landgrebe

---

[5] Landgrebe 1977.

1977, 55). Aber selbstverständlich darf dieser präreflexive Bezug nicht verwechselt werden mit dem „an sich Ersten" der reinen, intuitiven Erfahrung. Das Vermögen der kinästhetischen Bewegungen als apriorische Bedingung der Möglichkeit der Erfahrung wird nie selber als solches im unmittelbaren Vollzug der Wahrnehmungsakte erfahren. Vielmehr ist es charakteristisch für das transzendentale Bewußtsein, daß es sich von der jeweiligen unmittelbaren Wahrnehmung loslösen muß. Husserls Beschreibung des „präreflexiven" Bezugs setzt eigentlich bei den immer schon *reflektiv* eingeholten und festgehaltenen Akten an, die nur so, als vom empirischen Bewußtsein losgelöste, generalisierte Bedingungen der Möglichkeit der kinästhetischen Bewegungen, die transzendentale Geltung haben, d. h. für *alle* und für alle Zeit indifferent gelten. Im Anschluß an Hegel darf daran erinnert werden, daß das transzendentale Subjekt vor aller Synthese, die es vollzieht, doch im Grunde eine „trennende Tätigkeit" impliziert, sofern im Reflektieren auf sich selbst die Identität und das Absolute (der reinen Erfahrung) aufgehoben wird (vgl. Hegel SW I, 124).

II.

Merleau-Pontys philosophischer Einsatz kann gedeutet werden als ein Versuch zur Radikalisierung der Husserlschen Phänomenologie im doppelten Sinne. Einerseits interpretiert er mit Blick auf die vorgegebene, begrenzte Situation, in die jeder Mensch faktisch hineingestellt ist, den Vollzugssinn des intentionalen Lebens *existentiell* um. Andererseits aber führt er, aus der existentialistischen Entsagung des transzendentalen Ego Konsequenzen ziehend, die phänomenologische Analyse des menschlichen

Verhaltens im Gegenzug gegen Husserls Ansatz der genetischen Phänomenologie in Richtung auf einen *strukturalistisch* prädisponierten Objektivismus. Bei dieser Bemühung trennt er manches, was Husserl in transzendental vollzogener Synthese als Einheit des Erlebnissinns ausweist, und vereint selbst manches, was Husserl in seiner konstitutiven Analyse zergliedert. Merleau-Ponty setzt, mit anderen Worten, bei der anfänglichen Situation des existierenden Menschen, vor der erkenntnismäßigen Trennung von Subjekt und Objekt an. Die unmittelbare Wahrnehmungserfahrung wird ihm so zum Paradigma schlechthin für das Bewußtseinsleben, das er *de facto* mittels der phänomenologischen Reduktion beschreibt. „Phänomenologische Reduktion gehört zur Existentialphilosophie" (Merleau-Ponty 1966, 11). Umgekehrt aber vollzieht Merleau-Ponty bei seiner phänomenologischen Analyse die Rückwendung auf die leistende Subjektivität, wie sie von Husserl gefordert wird, nicht mit. Vielmehr wurde ihm inzwischen zum streng methodischen Rezept, die reinen Strukturen ohne Subjektbezug zur Sprache zu bringen. Der „leibliche Ausdruck" ist darum kein rohes Datum, das eigens einer Strukturierung durch die Verstandeskategorien bedürfte. Mit dem Strukturalismus teilt Merleau-Ponty die These, daß auch das „unbewußte" Leben eine nicht minder kategorial aufgebaute Struktur aufweise wie auf den höheren Stufen der Erkenntnisleistungen. Allerdings muß in dieser Hinsicht eingeräumt werden, daß bereits bei Husserl Ansätze vorhanden sind, die in diese strukturalistische Richtung weisen. Wenn er behauptet, daß in den Evidenzen der vorwissenschaftlichen Erfahrung die „Geltungsfundierung" für die objektiv wissenschaftliche Erkenntnis angelegt sei, so gilt beim Strukturalismus eine fast gleichlautende These, derzufolge die sprachlichen Akte beim Kinde und die mythischen

Erlebnisse der primitiven Völker ihrer Struktur nach denen der Erwachsenen und der zivilisierten Menschen gleichzustellen sind.
Trotz alledem bleibt bestehen, daß Husserls Konstitutionsthematik das nur verkürzt zur Geltung bringt, was im existentiellen Vollzug unmittelbar dem Bewußtsein gegenwärtig ist und was sich von dem nachgewahrenden und nachzeichnenden Akt niemals vollständig vermitteln und festhalten läßt. Wäre man im Sprechakt darauf angewiesen, sich ständig auf die phonologischen und grammatischen Gesetze zu besinnen, würde man wohl nicht mehr sehr konsequent seine Gedanken in Fluß halten können (Lévi-Strauss, 46). Es ist kein Zufall, daß es in der Hauptsache existentialistische Literatur ist, die das Phänomen der Reflexion in ihren wiederkäuerischen Exzessen, wohl aber auch mit selbstkritischer Absicht immer wieder zum Thema erhebt. So schildert Sartre in *Der Ekel* das psychische Syndrom eines introvertierten Intellektuellen, dessen Bewußtsein die von ihm selbst vollzogene Trennung des Denkens von Sein augenblicklich nicht mehr überbrücken kann. Der Versuch, das nackte Daß, das *factum brutum* etwa einer Baumwurzel, die eine Kette innerhalb des für sich bestehenden raum-zeitlichen Kontinuums ist, mit einem fingierten Namen in die „nicht-seiende" Welt des Bewußtseins einzuordnen, scheitert. In seinen *Memoiren aus dem Untergrund* berichtet auch Dostojewskij über den Zustand eines modernen Stadtbewohners, der unter dem Überfluß an Reflexionen leidet.

„Ich schwöre, meine Herren, daß es eine Krankheit ist, sich seiner zu viel bewußt zu sein. Für den täglichen Gebrauch des Menschen wäre es ganz ausreichend, wenn man ein gewöhnliches menschliches Bewußtsein hätte, d. h. etwa die Hälfte oder ein Viertel von dem, was einem kultivierten Menschen unseres unglücklichen Jahrhunderts zuteil wird, besonders jenem Menschen, der das tödliche Unglück hat, in Petersburg zu leben, einer Stadt, welche die am meisten theoretische und intentionale Stadt auf der ganzen Welt ist. (Es gibt intentionale und unintentionale Städte.) Es hätte bestimmt ausgereicht, wenn man z. B. ein Bewußtsein hätte, gemäß welchem alle sogenannten direkten Personen und Menschen von Aktion leben."[6]

Ein fast satirisches Zeugnis dafür, daß der Lebensprozeß stockt, sobald die *intentio obliqua* zur Form des Lebens avanciert. Leben und Reflexion, die für Husserl untrennlich vereint sind, werden in der existentialistischen Sicht zu entschiedenen Antithesen. Auf der Höhe der griechischen Philosophie, als in Sokrates die Richtung des Denkens nach innen gewendet wurde, da roch Nietzsche Aas und Verwesung.

„Sokrates war ein Mißverständnis... Das grellste Tageslicht, die Vernünftigkeit um jeden Preis, das Leben hell, kalt, vorsichtig, bewußt, ohne Instinkt, im Widerstand gegen Instinkte war selbst nur eine Krankheit, eine andre Krankheit – und durchaus kein Rückweg zur ‚Tugend', zur ‚Gesundheit', zum Glück..." (Götzendämmerung: Das Problem des Sokrates, Nr. 11)

Dabei sah Husserl in den sokratisch-platonischen Reaktionen gegen die Sophistik die Idee der echten wissenschaftlichen Philosophie im höchsten Maß verkörpert, nämlich „Erkenntnis aus einer durchgängigen höchsten und letzten Selbstbesinnung" sein zu wollen (Hua VIII, 3). Auch in der gegenwärtigen Krise der europäischen Menschentümer gilt es, die „Reflexion", die nichts anderes ist als der „Willensentschluß" zur absoluten Selbstrechtfertigung aus dem Geist der Vernunft, neu auf die Wege zu leiten (Hua VIII, 6). Weiter heißt es in *Krisis*

---

[6] Dostojewskij, Memoiren aus dem Untergrund. Übersetzung vom Verf. nach dem englischen Text in Kaufmann, 56.

(Hua VI, 345f.): „Nur wenn der Geist aus der naiven Außenwendung zu sich selbst zurückkehrt und bei sich selbst und rein bei sich selbst bleibt, kann er sich genügen." Solche und ähnliche Auslassungen sind zwar nicht als Plädoyer für eine zweckentfremdete Reflexion um der reinen Reflexion willen gemeint. Aber die Rede von der „absoluten Selbstrechtfertigung" oder die von der reinen Selbstgenügsamkeit des Geistes scheint, zumindest nach der existentialistischen Interpretation, auch als die Formel der phänomenologischen Reflexion revisionsbedürftig. Eine „existentialistische" Neuformulierung müßte lauten: Die Reflexion so weit radikal durchführen, daß sich das Bewußtsein dabei seiner Abhängigkeit vom *unreflektierten* Leben bewußt werde. „Die wichtigste Lehre", beschwört Merleau-Ponty, „die uns die (Lehre der) Reduktion gibt, ist die Unmöglichkeit der vollständigen Reduktion" (Merleau-Ponty 1966, 11). Ein sich auf sich besinnendes reines Denken wäre schon nach der phänomenologischen Lehre des intentionalen Gerichtetseins ein Widerspruch. Wenn das Denken z. B. wirklich der sprachlichen Formulierung vorausgehen sollte, so wäre es unbegreiflich, „warum das Denken auf den Ausdruck hin tendiert als dessen Erfüllung" (Merleau-Ponty 1945, 206). Die exakte Korrelation zwischen Denken und Sprache hingegen würde die kausale Beziehung und zeitliche Folge von vorher und nachher so weit in den Hintergrund verdrängen, daß man hier mit Recht von der „Verräumlichung der Zeit" sprechen könnte. Und es ist hier in der Tat der Ort, wo sich die existentialistische und strukturalistische Tendenz in Merleau-Pontys Denken überschneiden. Der Sinn des Zurücktretens des transzendentalen Subjekts kann genau nach diesen zwei zusammenhängenden, aber unterschiedlichen Gesichtspunkten ausgelegt werden. Einmal geht das Subjekt in der Summe des konkreten

Verhaltens des existierenden Menschen auf, zum anderen tritt dieses Verhalten selbst hinter die Matrix von sprachlichen Symbolen zurück.

Doch die Fortführung der phänomenologischen Philosophie in dieser Richtung, wie sie sich bei Merleau-Ponty unter dem genannten doppelten Aspekt abzeichnet, wurde in einer grundlegenden Weise eigentlich durch Heidegger ins Werk gesetzt. Nicht ohne diesen Hintergedanken habe ich eingangs die vorläufige Charakteristik der phänomenologischen Deskription einem Diktum angepaßt, das *Sein und Zeit* entnommen wurde: „Das Phänomen so zur Darstellung zu bringen, wie es sich von ihm selbst her zeigt."[7] Beim Begriff des Phänomens soll besonders auf die *mediale* Bildung von φαίνω – „sich zeigen" oder „(sich) an den Tag bringen" geachtet werden. Ehe wir aber die Bedeutung der medialen Redewendung herauszustellen suchen, sei daran erinnert, daß *Sein und Zeit* fast beiläufig ein Exemplar vom anonymen Subjekt darbietet, an dem sich eine Möglichkeit des phänomenologischen Fragens und Beschreibens explizieren läßt, die von Husserls eigenem Versuch deutlich abweicht. Gemeint ist die *Cura*-Fabel, die Heidegger zur Aufhellung der existentialontologischen Struktur des menschlichen Daseins aus einer antiken Quelle heranzieht.

Die Beweiskraft dieser alten Sage rührt gewiß nicht von dem Umstand her, daß der mutmaßliche Autor von *Fabulae*, Hyginus, als ein von Augustus ernannter Intendant der Palatinischen Bibliothek Amt und Würde vorzuweisen hatte, sondern von dem „vorontologischen" Zeugnischarakter, d. h. von ihrer „ursprünglichen" Vorgegeben-

---

[7] Der Begriff der Phänomenologie wird wörtlich wie folgt definiert: „das was sich zeigt, so wie es sich von ihm selbst her zeigt, von ihm selbst her sehen lassen" (Heidegger 1957, 34).

heit. „Ursprünglichkeit" meint soviel wie „nicht bestimmt durch theoretische Interpretation und ohne Absicht auf solche" (Heidegger 1957, 197). Der phänomenologische Begriff der Voraussetzungslosigkeit stimmt in diesem Fall mit der temporalen Bestimmung der Ursprünglichkeit oder vielmehr mit der Unbestimmtheit der mythischen Anfangszeit überein. Jeder sieht sogleich, daß Hyginus als der vordergründige Autor oder Herausgeber der Fabeln nicht das in Frage stehende Subjekt der Botschaft sein kann. Ähnlich verstehen wir z. B. *Lao-tse* weder als den wahren Verfasser noch als das Werk von dem gleichnamigen Autor, sondern als ein alttaoistisches Dokument, entstanden durch längere Zeit hindurch unter Mitwirkung zahlreicher Hände. Aber *Lao-tse* gilt immerhin als historisch datierbar, und trotz der hie und da unter den einzelnen Kapiteln verstreuten mythischen Elemente ist es im großen und ganzen kein mythologisches Zeugnis. Bei einem echten Mythos ist es dagegen sinnlos, rein im historischen Zusammenhang nach der Verfasserschaft fragen zu wollen. Hier empfiehlt sich eher ein sprachwissenschaftlich definierter Subjektbegriff als Maßstab, wie man ihn etwa in Roman Jakobsons linguistischem Strukturalismus vorfindet. Holenstein hebt bei Jakobson drei Bedeutungen des Subjekts hervor: 1) Beobachter, der zugleich ein Teil seiner Beobachtung ist; 2) Intersubjektiver Produzent und Rezipient der sprachlichen Botschaft; 3) Unbewußtes Subjekt in der sprachlichen Handlung (Holenstein 1975, 56). Im Falle der mythischen Sprache wäre es aber kaum möglich, die dritte Bedeutung von der zweiten klar zu unterscheiden. Das ist wohl auch der Fall, wenn Heidegger das Subjekt hinter der genannten Fabel als „das im Dasein selbst liegende Seinsverständnis" hinstellt, das „sich vorontologisch ausspricht" (Heidegger 1957, 197). Das Dasein, sowohl einzeln als auch intersubjektiv genommen, braucht sich nicht dessen bewußt zu sein, daß es dieses Seinsverständnis hat, denn gerade der Mangel an Absicht und reflektivem Wissen ist das auszeichnende Merkmal dieses vorontologischen Zeugnisses. Der methodologische Sinn der Phänomenologie hermeneutischer Variante, welche vorzüglich im Rückgriff auf die „primitiven" Sprachzeugnisse wie die Fragmente der Vorsokratiker, antike Fabeln und Dichtersprüche sich aus den „verfahrenen" Denkgewohnheiten herauszudrehen sucht, wird dadurch um eine besondere Dimension des Unbewußten bereichert. Es ist aber eine archaisch-historische Dimension des Unbewußten, im Unterschied zu der, welche bei Husserl mit dem Begriff der „Archäologie des Bewußtseins" abgesteckt wird. Bei dieser geht es lediglich um die *transzendentale* Genesis der Bedeutung. Der vorontologische Beleg über die Geschichtlichkeit des Daseins kommt dagegen selber aus der Geschichtlichkeit des Daseins, welche die in dem bekannten Wahlspruch „zu den Sachen!" implizierte Verpönung der historischen Vermittlung ihrer Verfänglichkeit überführt. „Historisch" als die Weise des menschlichen Verstehens wird so in einer vertieften Form erfahren im Zusammenhang der Geschichtlichkeit als der eigentlichen Seinsweise des Daseins. Aber Heideggers *Struktur*analyse des menschlichen Daseins fordert, trotz ihrer betont geschichtlichen Ausrichtung, einen Vergleich heraus mit der anthropologischen Forschung, die die Strukturalisten ebenfalls anhand der mythischen Sprache betreiben. Die mythische Sprache wird aus demselben Grunde vom Strukturalismus bevorzugt behandelt, wie die Redeform aus vorontologischen Quellen in Heideggers Daseinsanalyse einen privilegierten Platz hat. „Deshalb behaupten wir nicht", schreibt Lévi-Strauss im Hinblick auf die methodische Befangenheit der stets um das Ich kreisenden transzendentalen Reflexion,

„zu zeigen, wie der Mensch die Mythen denkt, sondern wie die Mythen im Menschen sich durchdenken ohne sein Wissen" (Lévi-Strauss, 46). Aber was besagt genauer diese „entpersönlichte" Form, in der eine Sache, etwa ein Mythos oder das „Seinsverständnis", an die Stelle des grammatischen Subjekts tritt? Wie verhält sich ferner die Lakune des Personalpronomens zu der Frage der Intersubjektivität, die mit dem unbewußten Subjekt nahe verwandt sein kann, wie es beim grammatischen Subjekt der mythischen Sprache der Fall ist?

Aus dem regelmäßigen Gebrauch des Passivs und Mediums ergibt sich ein besonderer deskriptiver Effekt der Redewendung. Der beschriebene Vorgang nimmt unpersönliche, natürliche Züge an, wie in dem Beispiel: „Die Rede spricht sich zumeist aus und hat sich schon immer ausgesprochen." (Heidegger 1957, 167) Wenn diese unpersönliche oder eher „entpersönlichte" Beschreibung des sprachlichen Vorgangs äußerlich schon an das strukturalistische Diktum „Prozeß ohne Subjekt" (Foucault) gemahnt, so sind auch die inneren Gründe, derentwegen Heideggers Sprachdenken sich vom herkömmlichen Subjektbegriff distanziert, denen der strukturalistischen Linguistik verwandt. Roland Barthes macht beispielsweise den Vorschlag, das Verbum „schreiben" nicht primär als ein auf den Gegenstand des Schreibaktes bezogenes, transitives Verbum zu verstehen, sondern als eine Form des Zeitwortes, das eher die Charakteristik eines Intransitivverbums hat (Barthes, 155 ff.). In deutscher Sprache würde die Anwendung des Reflexivums diese Situation am ehesten veranschaulichen. Wenn wir etwa sagen würden, „Der Autor schreibt sich", so will dieser grammatisch gewiß unerträgliche Satz besagen, daß dasjenige Moment, das von dem Schreibakt direkt betroffen wird, nicht das Buch, sondern der Autor selbst ist. Roland

Barthes verweist durch diese „Intransitivierung" des an sich transitiven Verbums auf die fundamentale Asymmetrie, die zwischen dem Autor als dem schreibenden Ich und dem Autor als dem gelesenen Ich besteht. Der letztere wird sinngemäß nur in der Perspektive der dritten Person erfaßt. „Entpersönlichung" meint daher das Entfallen des *Ich-Subjekts,* d. h. des Subjekts in der ersten Person zugunsten der grammatischen Kategorie der dritten Person. Allerdings muß sie von der totalen „Entsubjektivierung" oder „Subjektentfremdung" unterschieden werden. Eine wirkliche Subjektentfremdung, d. h. das Entfallen der grammatischen Kategorie auch der dritten Person und gar des unpersönlichen Pronomens „Es", ist aber nicht ungewöhnlich in der orientalischen Sprache. A. Forke schreibt:

„Da wir (Europäer) in Sätzen ohne Subjekt nicht gut denken können, denn selbst, wo es sich um reine Naturvorgänge handelt, fügen wir den unpersönlichen Verben das unbestimmte Subjekt ‚es' hinzu, so muß der Übersetzer bei Übertragungen aus dem Chinesischen überall, wo sie fehlen, die Subjekte ergänzen. Das gilt ganz besonders von der Lyrik, wobei die sprechende Person, welche ihre Empfindungen zum Ausdruck bringt, in der Regel gar nicht genannt wird. Die Gefühle rollen ab wie irgendein Naturvorgang." (Forke, 19)

Im Unterschied dazu bewirkt die Gewichtverschiebung von der ersten auf die dritte Person, wie sie durch eine entpersönlichte Form der Grammatik zustande kommt, die *intersubjektive* Vertauschbarkeit des Erlebnisinhalts. Als Inbegriff der dritten Personensubjekte ist die Intersubjektivität das vom geleisteten Resultat her gesehene Unbewußte und ist identisch mit der Objektivität im Sinne der indifferenten Gültigkeit für alle (Subjekte). In formaler Hinsicht redet daher die tautologische Formulierung, z. B. „die Sprache spricht" oder „das Ding dingt", der strukturalistischen Konzeption der objektiven Wirklichkeit ohne jegliche Referenz auf das sie konstituierende Subjekt aus der Seele. Aber die Parallele zwischen der Existentialontologie und dem Strukturalismus kann nicht ins Unendliche gezogen werden, wenn es sich schließlich herausstellt, daß Heidegger diese Subjektunabhängigkeit der Sprache noch einmal umkehrt und das menschliche Subjekt von der Sprache abhängig macht. Nicht mehr spricht die Sprache sich aus im Menschen und im Unbewußten, wie es bei Lévi-Strauss heißt, sondern das Sprechen ist, genauso wie das Denken des Seins, „durch und für die Wahrheit des Seins". Das Besitzverhältnis zwischen Mensch und Sprache erfährt so einen jähen Umschlag (Heidegger 1954, 54). Jetzt *hat* die Sprache den Menschen (Heidegger 1953, 134). Entgegen der offenen oder versteckten Verleugnung des Subjektbezugs als des unentbehrlichen Strukturelements der Sprache macht die fundamentalontologische Abzweckung der Daseinsanalytik vielmehr geltend, daß die „transzendentale" Frage nach dem *wahren Subjekt* gestellt werde. Hierin unterscheidet sich auch die Fundamentalontologie von einer bloßen „ontologischen Grundlegung der Anthropologie" (Heidegger 1957, 200), der strukturalistischen Anthropologie eingeschlossen. Das wahre Subjekt ist das *Sein*, oder *Es* selbst, und nicht der Mensch. Aber auch wenn in der Sprache des Alltags der Mensch sich als „Subjekt" setzt, hat nicht er, sondern das Sein (Es) selbst das letzte Wort. Dadurch, daß der Mensch als Subjekt „Ich" sagt und dies meint, wird er keineswegs zum wahren Träger seines Seins. Zu sagen, das Subjekt sei „Ich", reicht höchstens als eine unverbindlich „formale Anzeige". Denn in Wahrheit zeigt sich die Gegebenheitsweise des Ich in seiner Alltäglichkeit gerade als „nicht Ich selbst", als nicht „je meinig", sondern in der „Botmäßigkeit der Anderen" stehend. Das Subjekt im alltäglichen Miteinandersein, so analysiert Heidegger, sind die „unbestimmten Anderen", die man so nennt, „um die eigene wesenhafte Zugehörigkeit zu ihnen zu verdecken". Das *Wer* des alltäglichen Miteinanderseins ist das *Man*, welches bezeichnenderweise ein Neutrum ist. Das anonyme Subjekt der menschlichen Gesellschaft wird so entgegen der es für entbehrlich haltenden strukturalistischen Anthropologie als die wesentliche, durchschnittliche, nivellierende und in dieser nivellierenden Macht das Selbstsein der ersten Person verschleiernde *Seinsweise* des Daseins enthüllt, die Heidegger „Öffentlichkeit" nennt. In der Fundamentalontologie war am Anfang zwar davon die Rede, *Wer* das Subjekt der Öffentlichkeit sei, doch es zeigt sich bald, daß diese Subjektbezogenheit des „transzendentalen" Fragens in bestimmter Hinsicht noch eindringlicher das *Wie*, d. h. die Seinsweise oder die strukturelle Verfassung der Gesellschaft, zu erhellen vermochte. Die unterschiedliche Zeitauffassung im Zusammenhang mit der Frage nach dem Subjekt erklärt auch, warum schließlich zwischen Existentialontologie und Strukturalismus eine unüberbrückbare Kluft besteht. Es ist immerhin dem „unvoreingenommen ontisch-ontologischen ‚Sehen'" (Heidegger 1957, 128) zu verdanken, daß das Man als das „realste Subjekt" der Alltäglichkeit enthüllt wurde, aber dies beweist nur, daß eine solche rein schauende Einstellung eben die objektive und nur objektive Wirklichkeit des alltäglichen Daseins zu treffen vermag. Das eigentliche Subjekt hinter der Botschaft der *Cura*-Fabel denkt ursprünglicher als das Man und muß deshalb von der indifferent-unentschlossenen Seinsweise der Öffentlichkeit unterschieden werden. Daß das je-eigene Dasein eine entscheidungsgeschichtliche, unumkehrbare und endliche Zeitstruktur hat, ist die eigentliche Botschaft, die diese Fabel verkündet. Der Strukturalismus sieht hingegen den operativen Wert der mythischen Sage in der Umkehrbarkeit der ihr zugrunde liegenden Weltzeit, die sich selbst gleich bleibt in allen Abschnitten und gleichgültig für alle Beobachter-Subjekte. Durch eine umfassende, integrale Verarbeitung empirischer Daten aus verschiedenen Kulturregionen und Kulturepochen in eine synoptische Vision gewinnt Lévi-Strauss konstante Strukturen, in denen nur die Resultate der Ereignisse, nicht aber ihre Entfaltung in der Zeit, festgehalten sind. Voraussetzung also zur „Verräumlichung der Zeit" oder „Reduktion der Zeit in eine Dimension des Raumes" ist die Entbindung der zu beschreibenden Phänomene von der apperzipierenden Mitte eines Subjekts, das sich wandelnden geschichtlichen Perspektiven widersetzt. Wird diese Mitte aus der „totalen Form" beseitigt, so ist der Einstieg in sie jedermanns Sache und beliebig wiederholbar. Wenn dagegen bei Heidegger von einer „Wiederholung" die Rede sein kann, so ist es lediglich im Sinne einer augenblicklichen „Erwiderung" der dagewesenen Möglichkeit im freien Entschluß, was am Ende auf einen „Widerruf" der Vergangenheit hinausläuft (Heidegger 1957, 386). Dort ist die Wiederholbarkeit des Gleichen in der subjekt-losen, dezentrierten Struktur der nun einmal fertig erschaffenen Weltwirklichkeit gegründet. Der Mythos, sobald er als Mythos übernommen wird, hat schon jeden Bezug auf die Mitte, von wo her er kommt, und jeden Bezug auf einen Autor, auf den hin der Einheitssinn des historischen Verstehens eingeschränkt werden könnte, verloren. In der existentialontologischen Daseinsanalytik wird aber die Wiederholung der einstigen Möglichkeit zu einem sich selber gründenden Entwurf der je-meinigen Existenz.

III.

Gewiß setzt der Strukturalismus die Vorrangigkeit der formalisierten Symbolstruktur gegenüber dem Geltungsanspruch der transzendentalen Reflexion nicht naiv voraus. Vielmehr ist die totale Vermittlung zwischen Subjekt und Objekt, zwischen gesellschaftlichen Systemen und ihren partikulären Komponenten sein eigentliches Anliegen. Die Struktur klären heißt nicht, sie abgesondert analysieren, sondern die Form der Vermittlung, vermöge deren die Struktur das ist, was sie ist, selber sichtbar werden lassen. Mitteilung und Austausch, Geben und Nehmen sind die strukturalistischen Kurzformeln, derart daß die Güter und Personen darin keine festen Größen darstellen, sondern sie existieren überhaupt nur, sofern sie an diesem Prozeß teilnehmen. Es ist dabei gleichgültig, ob ein Teilnehmer sich der Regeln und Bedingungen bewußt ist, die den Prozeß in Bewegung setzen und ihn regulieren. Wenn Merleau-Ponty bereits in seinen phänomenologischen Untersuchungen strukturalistische Interpretationen des menschlichen Verhaltens vorwegnimmt, so ist es ein Beweis dafür, daß die methodischen Grundsätze beider Richtungen zum Teil konvergieren. Vor allem sehe ich die Konvergenz in dem Vermittlungsgedanken, dem sich die Strukturalisten verschreiben, in den sich aber auch die phänomenologische Korrelationsforschung in rein formaler Hinsicht einfügt. Die Erschließung des ursprünglichen und einheitlichen Umfeldes, in dem das Erlebnis so, wie es unmittelbar erlebt wird, zur Darstellung kommt, geschah als die Folge der Intensivierung des phänomenologischen Ansatzes, die Zusammengehörigkeit der Welt als des universalen Korrelats des bewußtseinsmäßigen Vermeinens einerseits und der transzendentalen Subjektivität andererseits auszuweisen. So wurde das Umfeld der vorlogisch-

vorprädikativen Erfahrung, des „Unbewußten", in dem Maße zunehmend der konstitutiven Analyse unterzogen, als dem transzendentalen Subjekt selbst im meditierenden Nachvollzug die eigenen Akte und Funktionsweisen durchsichtiger wurden. Die anonyme, weil passiv erlittene Synthese (Genesis) der Affektionen im Unbewußten des einzelnen Menschen und der ebenfalls anonym, weil passiv übernommene Besitz an Wahrnehmungen, Wertungen und Erkenntnissen der vergemeinschafteten Welt erweisen sich dadurch als keine voneinander unabhängigen Vorgänge. Sowenig wie es eine im strengen Sinne private Sprache geben kann, so wenig kann es ein im Unbewußten der einzelnen Seele verschüttetes Erlebnis geben, das als Erlebnis sich der Gesetzmäßigkeit des kategorialen Verstehens und somit der Möglichkeit zu einer intersubjektiven Verständigung entzöge. Das Sichverstehen und Verständigung sind gleichursprünglich, genauso wie jedes Verstehen ein Sichverstehen mitmeint.
Damit habe ich nicht nur auf die geläufige These der philosophischen Hermeneutik anspielen wollen. Es ist eine auch der Phänomenologie der intersubjektiven Erfahrung zugrunde liegende Einsicht, obwohl Husserls eigene Intention, die vergemeinschaftete Form der Verständigung aus der transzendentalen Deduktion im Medium des *ego cogito* her zu begründen, ihre offenbaren Grenzen hatte. Doch andererseits mag der Strukturalismus mit der Annahme, seine Idee der totalen Vermittlung nur durch Dispensierung des transzendentalen Ego verwirklichen zu können, nicht so ohne weiteres recht behalten. Denn versteht man unter Ego nicht so sehr ein punktuelles Subjekt aller Beziehungen als vielmehr die *Handlung*, welche diese Beziehungen herstellt, so darf man unterstellen, daß der Abstand zwischen der transzendentalen Phänomenologie und dem strukturalistischen Denken keineswegs so groß

ist, wie es beim ersten Blick scheint. Es ist aufschlußreich, daß Lévi-Strauss einmal die von Paul Ricoeur offerierte Charakterisierung seines Strukturalismus als „Kantianismus ohne transzendentales Subjekt" für zutreffend hielt. Gemeint ist die methodische Suche nach den Bedingungen der Möglichkeit „zur mutuellen Konvertibilität der Systeme von Wahrheit", die eben darum für eine Vielzahl von Subjekten gleichzeitig zugänglich werden.[8] Die kategoriale Einheit hinter dem Unbewußten nimmt der Strukturalismus genau in dem Sinne an, wie Cohen seinerzeit in der denkenden Handlung der Transzendentalphilosophie Kants reine logische Beziehungen und Relationen erblickte, wohlgemerkt ohne Rekurs auf einen Subjektbegriff. Doch die Konvergenz zwischen Lévi-Strauss und Kant ist eher zufällig, da die strukturalistische Philosophie sich weder in bewußtem Einvernehmen mit noch in kritischem Gegensatz zum Kantianismus versteht. Die Eliminierung des transzendentalen Subjekts im Falle von Merleau-Pontys Denken ist dagegen die Folge einer radikalen Durchführung der internen Fragestellung der Husserlschen Phänomenologie, so daß man hier mit einem viel größeren Recht von „Husserlianismus ohne transzendentales Subjekt" sprechen könnte. Außerdem sollte man sich kein Gesamtbild der strukturalistischen Philosophie ausmalen, ohne darin die besondere Stellung von Roman Jakobson einzuräumen. Weil er derjenige ist, der nicht einfach die Frage nach dem transzendentalen Subjekt

---

[8] Die strukturalistische Bemühung wurde von Ricoeur wiederholt in Beziehung gesetzt zu der Kantischen Philosophie. Vom „Kantianismus ohne transzendentales Subjekt" spricht er auf S. 24. Dort nennt er das Thema des Strukturalismus „eher ein Kantisches als Freudsches Unbewußtes; ein kategoriales System ohne Rekurs auf ein denkendes Subjekt, ...(ein System) analog der Natur; es kann sogar die Natur selbst sein", 9f.

überspringt, sondern dessen Funktion in den verschiedenen sprachlichen Handlungen viel differenzierter erwägt, als es sonst mit dem regressiv auf die objektiv wissenschaftliche Erkenntnis zugeschnittenen Subjektbegriff möglich gewesen wäre, hat man ihm gebührend den „Husserlianismus" bescheinigt (Holenstein 1975, 5 ff.). Mag der Strukturalismus in seinen Anfangsstadien „antireflexive" und „antiphänomenologische" Züge getragen haben, wie Paul Ricoeur hervorhebt (Holenstein 1975, 57). Aber die strukturalistischen Forschungen über das unbewußte Seelenleben sind selbst durchtränkt mit phänomenologischen und existentialistischen Einsichten in einer Weise, die eher eine gegenseitige Berührung und Befruchtung als eine Antithese und Ausschließung im Sinne Ricoeurs bestätigt (Lévi-Strauss, 196). Husserls Korrelationsforschung, streng formalistisch durchgeführt, d. h. unter Ausschluß des transzendentalen Ego, würde daher eine „strukturalistische" Umbildung der Phänomenologie ergeben, wie sie bereits am Beispiel von Merleau-Ponty erwähnt wurde.

Husserls programmatische Frage, mit der die vorliegende Überlegung begann, betrifft die konstitutive Herausstellung der anonym gebliebenen apriorischen Bedingungen der Möglichkeit der vorwissenschaftlichen Erfahrung. Die Suche nach dem „An sich Ersten" trägt deshalb den charakteristischen Titel „Archäologie des Bewußtseins", welche die bisher unterste Schicht des Bewußtseinslebens in der Vorgegebenheit des sinnlich-leiblichen Menschen aufstößt und den apriorischen Leistungsinn der „kinästhetischen Bewegungen" an den Tag bringt. Es ist bezeichnend, daß Husserl selbst dort, wo mit dem Leib *das Andere* und das Begrenzende dem Bewußtsein begegnet, keine Anstalten macht, das Schwerfällige und Widerwärtige an diesem Phänomen auch nur einen Augenblick walten zu lassen, sondern die bewußtseinsmäßige „Kontrolle des Könnens" im Schilde führt. Aber selbst wenn in der kinästhetischen Motorik das archimedische Hebelgesetz der Erfahrung der Welt als „Geschichte" enthalten sein sollte, so können aus diesem extrem konzentrischen Punkt des „Ich bewege mich" allenfalls subjektive Bedingungen der Möglichkeit des Verstehens von Geschichtlichkeit abgeleitet werden. Am Ende fragt es sich, ob diese Geschichte nicht lediglich ein autobiographisches Gepräge hat. Die Freiheit des Sich-Bewegens setzt fürwahr einen auswärtigen Stützpunkt voraus, den kein transzendentales Ich selber zu begründen vermag. Von der Bestimmtheit des In-der-Welt-Seins, von der voraussetzungsvollen Faktizität des Daseins ließe sich eher der Zugang finden zu den komplexen Bedingungen, die reflektiv eingeholt werden können als das bisher Ungedachte, das selber das Denken bedingt. Die existentialistische Literatur liefert oft eine reflektiertere Interpretation über die Weise, wie sich das Subjekt in seinem „Sein zur Welt" zu definieren hat. Vor allem sind es die Aspekte des *Mitseins* und der Interaktion mit den Anderen, der Begrenzung des Subjekts durch andere Subjekte, mit denen es nicht so sehr die Möglichkeit der Kontrolle als vielmehr die Notwendigkeit des Kompromisses teilt, und die Aspekte einer Weltbegegnung, in der eine Erfahrung im prägnanten Sinne Erfahrung ist, sofern das Subjekt über sich selbst hinausgeführt wird und Erfüllung und Bereicherung erst im Sichöffnen und im Sichaufgeben findet.

Kierkegaard, der vielfach pseudonyme Autor, hatte mit einer indifferenten Welt der Masse und Massenmedien (damals Zeitungen) zu tun. Sein Instinkt trieb ihn zu der *indirekten* Mitteilung. Er tat so, als ob es ihm gar nicht daran gelegen wäre, vom Leser beim Wort genommen zu werden. Seine zu verkündende Botschaft mußte hinter der ironisch-spielerischen Fassade des selbstverunglimpfenden Autors erraten werden. Unter einem solchen Verhältnis wird die Suche nach der Wahrheit zu einer Versuchung, zu einem Wagnis. Darin mag auch der Sinn des lapidaren Satzes, „die Subjektivität ist die Wahrheit", bestehen (Kierkegaard, 179f.). Kierkegaards indirekte Mitteilung ist paradox, weil der Verkünder der Wahrheit seiner eigenen Wahrheit sich indifferent verhält, um die Seele der Masse in ihrer Gleichgültigkeit zu treffen und so den einzelnen Menschen zu sich selbst zurückzuführen. Diese Paradoxie, in literatursoziologischer Hinsicht analysiert, stellt die im literarischen Stil *Chiasmus* genannte Umkehrung dar, deren Bedeutung darin besteht, daß ein Autor sich am Ende dem Geschmack der Masse anpaßt, obwohl er es gewesen ist, der sich bislang gegen ihn gewehrt und versucht hat, die Masse seinem eigenen, besonderen Geschmack anzupassen. So sieht sich ein Künstler gezwungen, sein anfängliches elitäres Selbstbewußtsein unter dem Druck des Massenkonsums der Kunst aufzugeben und eine neue Form der künstlerischen Darstellung zu entwickeln, vermöge deren das bisher ob seines wahllosen Geschmacks geächtete Publikum nun als „Mitschöpfer" am darstellenden Prozeß teilnehmen kann. Kierkegaards Polemik gegen seine Zeit setzt diese gesellschaftliche Entwicklung, die er eigentlich negieren möchte, klarsichtig voraus. Eigentlich hätte er schweigen sollen, weil er gegen die Masse war. Aber er schrieb doch *für* die Masse, redete selber viel, um sie für die Eigentlichkeit zu gewinnen.

Ohne die Einsicht in die wachsende Nachfrage der literarischen Konsumgesellschaft wäre man nicht imstande, den Aufstieg der Detektivromane und symbolistischer Poesie in der modernen Zeit zu erklären. Aber auch ihr Bedarf wäre qualitativ kaum zufriedenstellend gedeckt worden, wenn nicht die genialen Schriftsteller und Dichter wie Poe, Baudelaire, Mallarmé, Verlaine u. a. dazu übergegangen wären, diese chiastische Wendung mitzuvollziehen. Ihre Genialität besteht darin, die Literatur so weit entpersönlicht zu haben, daß ein jeder Leser als potentieller Autor in ihr Werk einsteigen kann. Hier bewahrheitet sich gleichsam die alte taoistische Wahrheit, die selber eine chiastische Formel ist, nämlich, daß der am besten regiert, wer am wenigsten regiert. Das Erfolgsrezept der schriftstellerischen Tätigkeit liegt in der Schaffung der objektiven Korrelate zu den erzeugenden Emotionen:

„Wenn Sie irgendeine der erfolgreichen Tragödien von Shakespeare prüfen, werden Sie diese genaue Korrelation vorfinden. Sie werden merken, daß Ihnen der Gemütszustand der Lady Macbeth in ihrem Schlafwandeln durch eine geschickte Anhäufung von imaginären Sinneseindrücken mitgeteilt wird. Die Worte von Macbeth, als er vom Tode seiner Frau erfährt, treffen uns so, als ob diese Worte, unter dem Eindruck der geschilderten Reihenfolge der Ereignisse, automatisch ausgerufen worden wären eben durch das letzte Ereignis dieser Reihenfolge." (Eliot, 145)

Ähnlich beruht die Wirkung der strukturalistischen Deskription auf der wechselseitigen Vertauschbarkeit von Wahrheitssystemen. Die dargestellten Vorgänge sind nicht mehr an das Gesetz der unumkehrbaren Zeitabfolge gebunden, die ihrerseits ein apperzipierendes Subjekt voraussetzt. Wenn zeitlich aufeinanderfolgende Ereignisse „verräumlicht" dargestellt werden, so bedeutet dies vor allem, daß reine Intuition als Form der Erkenntnis einen erhöhten Anspruch erhebt. Für die reine Intuition ist ein Gegenstand als *Ganzes* unmittelbar gegenwärtig, ja selbst die Gegenüberstellung von Subjekt und Objekt verliert hier ihren gewohnten Sinn.

Musik und Mythen sind die bevorzugten Stoffe und Medien, an denen der Sinn der Raumanalogie oder die synoptische Gegenwart der Objekte als empfindungsmässige Korrelate des Bewußtseins am besten expliziert werden kann. Beim Zuhören einer musikalischen Darbietung wird zwar die Zeit zum Schema des Erlebens wie überall, aber der Ablauf der Zeit geschieht auf einem „rauhen Gelände" der physiologischen oder „viszeralen Zeit" (Lévi-Strauss, 51) – Zeit wie sie vom Eingeweide unmittelbar erlebt wird.[9] Musik und Mythos sind daher „Mechanismen, deren Funktion es ist, die Zeit aus der Welt zu schaffen" (ebd.). Wer einer Musik zuhört, hat in einem gewissen Sinne die Unvergänglichkeit erlebt. Doch von einer gänzlichen Verdrängung der Zeitform kann wohl nicht die Rede sein. Die literarische Darstellung, die ein mythisches, musikalisches und überhaupt ein am *Leibe* mitgelittenes Erlebnis zum Thema nimmt, muß einen besonderen Zeitbegriff einführen, der diesem über uns

---

[9] Das viszerale Empfinden hat unter den japanischen Phänomenologen einen wichtigen Platz. „Das reine affektive Gefühl", so schreibt K. Nishida, „ist etwas, das tief in einem lebendigen Herzen agiert". In der japanischen Sprache werden nicht nur das Herz, sondern die Lunge und der Magen (*fu* oder *hai-fu*), ja das ganze Eingeweide als der Sitz der Emotionen angesehen. Nishida verweist auf Titchener als eine verwandte Quelle. Nach ihm seien „solche emotionalen Zustände wie Erregung und Depression, Spannung und Entspannung keine einfachen Elemente, sondern sie bestehen aus *organischen* Empfindungen, welche intellektuelle Elemente von höherer Ordnung in sich enthalten als die Gefühle von Lust und Schmerz". Siehe Nishida, 226, 228. Nishidas jahrzehntelange Bemühung um die Erschließung der reinen, unmittelbaren Erfahrung datiert in eine Zeit zurück, wo Husserls Lebensweltthematik noch ganz unbekannt war. Er hat richtungsweisend gewirkt in der japanischen Rezeption der Husserlschen und Heideggerschen Philosophie, indem er gerade diesen leiblich-intuitiven Aspekt zur Grundlage seines metaphysischen Entwurfs machte, in dem sich gewissermaßen eine buddistische Nabelschau mit einer stark voluntaristisch getünchten Erkenntnistheorie, hauptsächlich der deutschen Tradition, verbindet.

selbst hinausführenden, *ekstatischen* Ereignis gerecht werden kann. „Das Wahre", beschreibt Hegel den dialektischen Prozeß der totalen Vermittelung, „ist so der bacchantische Taumel, an dem kein Glied nicht trunken ist, und weil jedes, indem es sich absondert, ebenso unmittelbar sich auflöst, – ist er ebenso die durchsichtige und einfache Ruhe" (Hegel SW II, 45). Doch es ist eine nach außen hin vorgetäuschte Ruhe eines Systems, während sich im Inneren desselben alles regt und in Bewegung mitgerissen ist. Was die Strukturalisten „totale Form" nennen, hätte man in der Sprache der klassischen deutschen Philosophie kaum zutreffender wiedergeben können. Innerhalb einer totalen Form, d. h. eines Systems, sei es ein Mythos oder ein Kunstwerk, ein Traum, eine Pflanze oder eine Maschine, herrscht ein streng ökologisches Gesetz, das dieses System nach außen abschirmt und jedes Element, jeden Teil unter sein Gebot stellt. Die Homogenität aller Teile garantiert die Vertauschbarkeit aller Teile untereinander. Ein solches Erkenntnissystem ließe sich fast ausschließlich mit den Mitteln der Relationskategorie statt der herkömmlichen Substanzkategorie beschreiben.

Aber auch wenn Eigenschaften und Funktionen außerhalb des Substanz-Attribut-Schemas schlechtweg mittels der Relationskategorie beschrieben werden können, besteht der umgekehrte Gesichtspunkt ebensogut zu Recht, daß die Relation bloß eine formalisierte Substantialität sei, wobei es unterstellt werden darf, daß sie nur flüchtig die Äußerlichkeit der Einzelwesen darstellt, ohne ihr eigentliches *Sein* zu betreffen. Darüber hinaus kann sich noch ein weiterer Gesichtspunkt geltend machen, daß die Allgemeinverbindlichkeit der Relationen nur dann gewährleistet werde, wenn diese nicht mehr auf eine zufällige Vielheit der empirischen Gemüter, sondern auf *eine*, allgemeine denkende Vernunft bezogen bleiben. Daß Kant in dieser Richtung einen großen Schritt vorausging, daß aber sein Subjektbegriff selbst manche Probleme auflegte, wurde bereits oben angedeutet. In der Tat ist es möglich, die ganze Frage nach dem anonymen Subjekt in der Perspektive des Kategorienstreits zu sehen. Es dreht sich um den Primat entweder der Substanz- oder Relationskategorie. Die Strukturalisten nivellieren sowohl den Begriff eines außerhalb der Wahrheitssysteme stehenden Beobachtersubjekts als auch den Begriff eines diesen Systemen zugrunde liegenden, transzendental-logischen Substrats, bis zu einem Punkt, wo nur das nackte Resultat, ein sich selbst zeugendes System oder eine Handlung ohne Träger wie ein Naturphänomen für sich dasteht. Freilich hat der Strukturalismus keine Not mit der Frage nach dem anonymen Träger seiner Wahrheit, weil der Mythos ja das eigentliche Element ist, in der sie weilt, und hinter der mythischen Sprache hat das redende Subjekt immer sein Alibi. Die Phänomenologen, vorab Husserl, spüren dagegen überall die verborgene Leistung des transzendentalen Bewußtseins auf, bis die elementaren Bedingungen aller höherstufigen Sinnbildungen dort in Präfigurationen vorgefunden werden, wo sie die Strukturalisten immer schon vermuten – im „Unbewußten". Der Kreis scheint sich hier zu schließen. Das reine Phänomen, das sich zeigt, wie es sich von sich her zeigt, ohne bewußtes Hinzutun von seiten eines denkenden Subjekts, tut sich nur in einem *offenen* Umfelde auf, wo Urteilsenthaltung in reinster Form vollzogen worden ist, d. h. einem aufnahmebereiten Bewußtsein gegenüber, das es unterläßt, sich auf sein Ich zu versteifen.

Eduard v. Hartmann, dem das Unbewußte als ein systematisch-philosophisches Problem früh aufging, hatte versucht, dieses Phänomen weitgehend mit naturwissenschaftlichen Kategorien zu beschreiben. Wo es aber schließlich auf eine effektive Zusammenfassung ankam, bediente er sich der unbefangenen Sprache der vorphänomenologischen Reflexion und griff zum Mittel der Personifizierung:

„Das Unbewußte schwankt nicht und zweifelt nicht, es braucht keine Zeit zur Überlegung, sondern erfaßt das Resultat in demselben Moment, wo es den ganzen logischen Prozeß, der das Resultat erzeugt, auf einmal und nicht nacheinander, sondern ineinander denkt, was dasselbe ist, als ob es ihn gar nicht denkt, sondern das Resultat unmittelbar in intellektueller Anschauung mit dem unendlichen Scharfblick des Logischen hin-sieht." (v. Hartmann, 6f.)

Unverkennbar an dieser Beschreibung ist die vom Strukturalismus her geläufige Raumanalogie, die das Zeit-Schema verdrängt. Aber unverkennbar ist auch die phänomenologisch bedeutsame Einsicht v. Hartmanns, daß er dem Unbewußten nicht ohne weiteres das magische Rezept einer intellektuellen Anschauung zubilligt, sondern mit seiner einschränkenden Bemerkung, *„als ob* es den Prozeß gar nicht denkt", auf die anonyme Funktion des Denkens hinter dem vordergründig Unbewußten hinweist.

Literaturverzeichnis

Barthes, Roland: To Write: An Intransitive Verb? in: The Structuralists from Marx to Lévi-Strauss, hrsg. von Richard und Fernande De George, New York 1972.
Eliot, T. S.: Selected Essays, London 1932.
Forke, A.: Die Gedankenwelt des chinesischen Kulturkreises, München 1927.
Fries, J. F.: System der Metaphysik, Heidelberg 1824.

v. Hartmann, Eduard: Philosophie des Unbewußten (1868/1869), ausgewählte Werke Bd. VIII, Leipzig o. J.
Hegel, G. W. F.: Die Differenz des Fichte'schen und Schelling'schen Systems der Philosophie (1801), Sämtliche Werke I (hrsg. von H. Glockner), Stuttgart-Bad Cannstatt 1961 = SW I.
–: Phänomenologie des Geistes (1807), Sämtliche Werke II (hrsg. von H. Glockner), Stuttgart-Bad Cannstatt 1961 = SW II.
Heidegger, Martin: Sein und Zeit (1927), Tübingen ^{8}1957.
–: Einführung in die Metaphysik, Tübingen 1953.
–: Über den Humanismus, in: Platons Lehre von der Wahrheit, Bern ^{2}1954, 53–119.
Holenstein, Elmar: Phänomenologie der Assoziation, Phaenomenologica 44, Den Haag 1972.
–: Roman Jakobsons phänomenologischer Strukturalismus, Frankfurt a. M. 1975.
Kaufmann, W.: Existentialism from Dostoevsky to Sartre, New York 1975.
Kierkegaard, S.: Abschließende unwissenschaftliche Nachschrift, I. Tl., Düsseldorf/Köln 1957.
Landgrebe, Ludwig: Merleau-Pontys Auseinandersetzung mit Husserls Phänomenologie, in: Phänomenologie und Geschichte, Gütersloh 1968, 167–181.
–: Lebenswelt und Geschichtlichkeit des menschlichen Daseins, in: B. Waldenfels u. a. (Hrsg.), Phänomenologie und Marxismus, Bd. 2, Frankfurt a. M. 1977, 13–58.
Lévi-Strauss, Claude: Overture to the Raw and the Cooked, in: Jacques Ehrmann (Hrsg.), Structuralism, New York 1966.
Löwith, Karl: Von Hegel zu Nietzsche, Stuttgart ^{3}1953.
Martin, Gottfried: Allgemeine Metaphysik, Berlin 1965.
Merleau-Ponty, Maurice: La phénoménologie de la perception, Paris 1945.
–: Phänomenologie der Wahrnehmung (dt. von Rudolf Boehm), Berlin 1966.
–: Le philosophe et son ombre, in: Edmund Husserl 1859–1959, Phaenomenologica 4, Den Haag 1959, 195–220.
Nietzsche, Friedrich: Götzen-Dämmerung, oder: Wie man mit dem Hammer philosophiert (1889), in: Werke (hrsg. von Schlechta) Bd. III, Berlin: Ullstein 1972, 385–479.
Nishida, K.: Affective Feeling, in: Analecta Husserliana VIII. (1979) 223–247.

Ricoeur, Paul: Symbole et temporalité, in: Archivio di Filosofia No. 1–2 (Rome 1963).
Ziegenfuß, Werner: Philosophen-Lexikon, 2 Bde., Berlin 1949/1950.

Philosophie und Textualität.
Über eine rhetorische Lektüre philosophischer Texte*

Von Samuel IJsseling, Leuven

Viel ist von Philosophen über Literatur und das Phänomen des Literarischen gesagt worden, weniger jedoch über die Philosophie als Literatur – was immer dieses an sich problematische Wort auch bedeuten mag –, über ein philosophisches Werk als literarische Tatsache und über das Philosophieren als literarische Tätigkeit, d. h. als einen Akt des Lesens und Schreibens. Befremdend ist das wohl, denn die Philosophie besteht gewiß nicht ausschließlich, aber primär und prinzipiell in und aus Texten. Das Geflecht philosophischer Texte ist der ausgezeichnete Ort (τόπος, *locus*), an dem sich die Philosophie aufhält, und es gehört als solches zu ihrem Dasein. Wir sprechen mit Absicht und nachdrücklich von ‚Texten‘, um den unseres Erachtens sehr vagen und vieldeutigen Terminus ‚Sprache‘ zu vermeiden.

Es geht dabei um Texte, die aufgrund von nicht immer deutlichen Kriterien und bezüglich veränderlicher und diskutabler Systeme von Einschließung und Ausschliessung dem *opus* oder *corpus* der Philosophie zugerechnet werden – Texte, die, wie man sagt, von Philosophen geschrieben und durch Philosophen oder philosophisch Interessierte gelesen werden. Es handelt sich dabei keineswegs um einfache und ohne weiteres einsichtige Vorgänge. Sie werden von mancherlei Regelsystemen beglei-

---
* Übersetzt von Michael Astroh.

tet, von denen einige für alle Texte kennzeichnend sind, andere nur für sogenannte philosophische Texte gelten. Wir werden uns hier möglichst auf eine Erörterung der Tätigkeit des Lesens – vor allem philosophischer Texte – beschränken. Diese Tätigkeit kann jedoch nicht von der des Schreibens getrennt werden. Bezüglich des Lesens möchten wir die Aufmerksamkeit auf verschiedene Formen möglicher Lektüre lenken. Eine Art derselben, die wir die rhetorische Lektüre nennen, werden wir etwas genauer ausarbeiten: eine Art zu lesen, in der anders als bei verschiedenen anderen Lektüreformen der Text als Text ernstgenommen wird.

Ausgangspunkt ist, daß die Philosophie zwar nicht ausschließlich, wohl aber primär und prinzipiell in oder aus Texten besteht. Es erscheint uns schwierig, dies zu bestreiten, wenngleich damit einige Fragen auf den Plan gerufen werden. Jeder kennt die übrigens symptomatische Ablehnung des geschriebenen Wortes durch Platon. Bekannt ist auch die legendäre Behauptung des Aristoteles, daß das Wichtigste seiner Philosophie nicht veröffentlicht worden ist. Es verhält sich jedoch so, daß die für die Philosophie wesentliche Geschichte derselben nur in einem Geflecht von Texten zugänglich ist. Die für uns spezifisch philosophische Problematik wird stets von einer Überlieferung dargeboten. Sie ist notwendig durch einen Kanon wirklich vorliegender Werke ‚vermittelt‘, die uns übrigens immer beschränkt und oft auch zufällig zur Verfügung stehen. Selbst Husserl, der doch wenig historisches Interesse besaß, schrieb gegen Ende seines Lebens in Beziehung auf das Selbst-denken: „Die Sachlage ist kompliziert. Jeder Philosoph ‚entnimmt aus der Geschichte‘ vergangener Philosophen, aus vergangenem philosophischem Schrifttum – so wie er aus der gegenwärtigen philosophischen Umwelt die ihr zugerechneten jüngst in

Umlauf gesetzten Werke in seinem Verfügungsbereich hat, die neuerscheinenden hinzunimmt und, was hier allein möglich ist, von der Möglichkeit mehr oder minder Gebrauch macht, mit den noch lebenden Mit-Philosophen in persönlichen Gedankenaustausch zu treten." (Hua VI, 511) Zweifellos – auch dies kann man bei Husserl lesen – hat sich die Philosophie seit je als einen Aufruf verstanden, selbst zu denken und ein Leben zu führen, in dem es möglich ist, in Freiheit und Verantwortlichkeit wirklich ‚ich' und wirklich ‚*ich denke*' zu sagen. Die konkrete Identität des Philosophen und des Denkens als philosophischer Tätigkeit sind aber nur aufgrund von Schriften möglich, die als Dokumente und Instrumente zu unserer Umwelt und unserem Verfügungsbereich gehören. Man kann und muß dies radikalisieren. Husserl schreibt in *Beilage III* der *Krisis,* ohne vielleicht alle Folgen dessen übersehen zu haben, daß für die Konstitution der idealen Gegenstände in ihrer idealen Objektivität, und das heißt auch für die Konstitution der Wissenschaft als Wissenschaft und der Philosophie als Philosophie, der „schriftliche, dokumentierende sprachliche Ausdruck" oder „das Niederschreiben" ein notwendiges Moment ist (Hua VI, 371). Wir möchten sagen, daß das Text-sein der Philosophie zu ihrem Wesen gehört – gewiß zum Wesen der neuzeitlichen, gegenwärtigen Philosophie. Zu diesem Punkt ließen sich viele andere Zeugen aufrufen. So hat Max Weber überzeugend darauf hingewiesen, daß die allgemeine Verbreitung der Schrift am Ende des Mittelalters und die zunehmende Bedeutung des geschriebenen Wortes, unter anderem in Form von Briefwechseln, Verträgen und Buchführungen – auch hier geht es um Texte – ein wichtiger Schritt in der Entwicklung der uns vertrauten ökonomischen Rationalität gewesen ist. Letztere ist ihrerseits wiederum für die Auffassung von Rationalität, die die ganze neuzeitliche Philosophie kennzeichnet, bestimmend gewesen. Hegel schreibt in der *Enzyklopädie* (§ 459), daß die Ersetzung der Bild- oder Hieroglyphenschrift durch die Buchstabenschrift – „an und für sich die intelligentere" – für die Entstehung und Entwicklung der europäischen Philosophie von großer Bedeutung gewesen ist. Die Buchstabenschrift ist – um Hegel wörtlich zu zitieren – „das elementarische Material der Sprache", und damit ist natürlich das Material geschriebener Wörter oder Texte gemeint.

Nun wird die Behauptung, daß die Philosohie primär und prinzipiell in oder aus Texten besteht, gewöhnlich entweder als eine nichtssagende Trivialität angesehen oder stößt auf heftigen und symptomatischen Widerstand. Symptomatisch, weil auf verborgene und sich verbergende Weise eine bestimmte Auffassung über die Seinsweise von Texten einerseits und der Wirklichkeit andererseits zum Ausdruck kommt. Diese Auffassung führt keineswegs auf eine Evidenz zurück und läßt sich auch nicht phänomenologisch ‚nachweisen'. Selten jedoch wird die Behauptung ernstgenommen und wirklich bedacht. Weniger noch werden die Bedingungen und Konsequenzen derselben erörtert. Wenn die Philosophie aber ihre eigenen Möglichkeiten und Grenzen zu formulieren versucht und ihre eigenen Möglichkeitsbedingungen reproduziert, das heißt sich verantworten will, so ist eine radikale Besinnung über die Seinsweise von Texten erforderlich. Man kann bezweifeln, ob sich eine derartige Besinnung mit aller Grundsätzlichkeit durchführen läßt, denn in und um einen Text ist vieles im Gange; in und um ein Werk ist vieles am Werke, das sich weder auf die ausgesprochenen oder unausgesprochenen, bewußten oder unbewußten Gedanken und Absichten eines Autors noch auf die sogenannte Wirklichkeit, die der Text oder das Werk behandeln soll, zurück-

führen läßt. Wenn man eine derartige Besinnung in Gang bringen will, muß zunächst gefragt werden: Was *ist* ein Text? Wie sind Texte uns gegeben? Welche Seins- oder Gegebenheitsweise haben sie? Wegen der begrenzten Zeit, die uns hier zur Verfügung steht – oder weil, und das ist dasselbe, ein Text stets an einen begrenzten Umfang gebunden ist – können wir auf diese Fragen nicht ausführlich eingehen. Einige Bemerkungen müssen genügen.
Zunächst muß man anerkennen, daß Texte als solche zu der uns gegebenen Wirklichkeit gehören. Vielleicht haben die Sophisten dies besser begriffen als Platon. Texte sind gegeben, gehören zu einer Umwelt und wir verhalten uns in einer bestimmten Weise zu ihnen. Wir gehen auf sehr verschiedene Weise damit um und machen etwas mit ihnen. Die Texte tun offensichtlich auch etwas mit uns. Wir können über sie sprechen, und sie haben uns auch etwas zu sagen. Sie gehören der Wirklichkeit an und selbst so, daß vielfach Texte die Wirklichkeit sind, über die wir Menschen – und sicherlich wir Philosophen – gewöhnlich sprechen. Dies ist deutlich der Fall, wenn wir über Literatur sprechen, aber es gilt auch, wenn wir über die Wissenschaften, die positive Gesetzgebung oder die biblische Religion sprechen. Wir sprechen über Platon, Aristoteles, Kant, Husserl und so weiter, und diese Namen sind jeweils Metonymien für Texte dieser Denker. Oder wir sprechen von den Ideen und den Kategorien, über die theoretische und praktische Vernunft, über den kategorischen Imperativ und die phänomenologische Reduktion, und dies sind *gleichfalls* Fragmente oder Worte aus uns bekannten und vertrauten Texten, die unserer Umwelt zugehören.
Ein Text ist als Text Seiendes. Und man kann das, was Husserl in seiner *Formalen und transzendentalen Logik* über das Urteil sagte, ohne weiteres über einen Text sagen:

„... daß das wirkliche Sein des Urteils als Sinnes nicht leidet, wenn S nicht ist oder S nicht p ist, mit einem Wort, wenn der Sachverhalt, der für den Urteilenden seiende, nicht besteht. Das Urteil ist dann unrichtig, aber als Urteil ist es Seiendes der Sinnesregion." (Hua XVII, 139) Weil ein Text ein Seiendes ist, ist es möglich, alle Kategorien, die die klassische Ontologie dem Seienden als Seiendem zuerkennt – abgesehen vom problematischen Charakter dieser Kategorien (der sich gerade hier zeigt) – auch auf einen Text zu beziehen: ein Text ist zum Beispiel als Text Substanz. Manche, aber gewiß nicht *alle* Texte handeln von etwas und sagen etwas über etwas aus und haben deshalb auch ein Hypokeimenon. *Alle* Texte sind jedoch selbst Hypokeimenon, weil über jeden Text als Text etwas zu sagen ist. Texte haben weiterhin auch eine eigene Essenz und Existenz, eine bestimmte Materialität und Form, eine bestimmte Länge und Ausdehnung – einige sind sogar derart umfangreich, daß sie dadurch ihre Bedeutung verlieren; andere sind zu kurz, beispielsweise Slogans, und bleiben deshalb oft unzureichend. Texte dienen zu etwas und haben deshalb auch einen Sinn. Sie haben einen Ursprung, sind zustande gebracht worden oder zustande gekommen. Zugleich haben sie eine gewisse *aseitas*, führen ein Eigenleben unabhängig von ihrem Ursprung. Sie haben eine eigene Wirksamkeit oder Operativität. Texte bringen auch etwas zustande.

Die Herstellung von Texten – und dies bedeutet unter anderem, jedoch nicht ausschließlich, das Schreiben – kann nicht auf den Ausdruck schon bestehender Gedanken und Absichten eines schon bestehenden Autors zurückgeführt werden. Weder die Gedanken und Absichten noch der Autor oder Schriftsteller gehen dem Text schlechthin voraus, vielmehr sind sie stets auch Ergebnis des Aktes seiner Herstellung. Gedanken und Autor gehören zu dem, was durch einen Text zustande gebracht wird. Die Herstellung von Texten ist auch niemals eine *creatio ex nihilo*. Ein Werk ist eine Art Bau – *compositio* –, bei dem auf schon vorhandenes Material und vorgegebene Strukturen zurückgegriffen wird, oder ein Gewebe – *textura* –, das jeweils aus einem vorliegenden Stoff und nach vorgegebenen Mustern gewoben ist. Zum Material und den Strukturen gehören unter anderem die Wörter, idiomatische Wendungen und Redensarten, und der Aufbau der Sprache, die vom Autor nicht erfunden, sondern angetroffen und übernommen wird. Auch die Thematik, die zur Diskussion gestellt wird, und die Art, wie sie entwickelt wird – dies gilt sicher für pilosophische Texte –, werden angetroffen und übernommen und gehören zum Stoff, aus dem, und zu den Mustern, denen gemäß eine Philosophie aufgebaut werden kann. So läßt sich zum Beispiel sagen, daß, wenn Hegel das Wort ‚Idee' gebraucht, er damit den Text Platons aufnimmt, ohne übrigens letzteren irgend zu wiederholen, und ohne daß damit gesagt wäre, die Idee sei bei Hegel dasselbe wie bei Platon. Wohl aber bedeutet es, daß der Hegelsche Text ohne den Platons nicht möglich ist. Und in diesem Sinne kann man auch sagen, daß die Architektonik von Kants *Kritik der reinen Vernunft* deutlich eine Wiederholung der Struktur der klassischen Metaphysik darstellt. Ohne das Geflecht ihm vorangehender metaphysischer Texte ist Kants Werk nicht möglich – und auch nicht zu verstehen. Vielleicht hatte E. Fink derartiges gemeint, als er von ‚operativen' Begriffen in der Phänomenologie Husserls sprach; denn es handelt sich dabei um diejenigen Begriffe, die Husserl braucht, um seine Philosophie aufbauen zu können, die aber nicht ausdrücklich thematisiert werden und auch nicht reduziert werden können auf die Tätigkeit des Bewußtseins. Sie sind im Werk Husserls wirksam und ermöglichen es. Anstelle von

Begriffen sollte man hier vielleicht besser von operativen Wörtern oder Textfragmenten sprechen, da Begriffe auf ein Begreifen zurückweisen; hier aber geht es um ein Formulieren, um Wörter, die sich Husserl von anderen Texten her anbieten und die seinen eigenen Text tragen und ihm eine Richtung geben.

Kein einziger Text steht je gänzlich für sich allein, sondern ist immer aufgenommen in eine Verweisungsganzheit oder einen Bedeutungszusammenhang, dem ein Text seine Bedeutung entlehnt. Jeder Text verweist ‚nicht nur, aber immer auch' auf andere Texte, auf die er angewiesen ist. Das Geflecht dieser Verweisungen ist sowohl für das Entstehen als auch für das Verstehen von Texten eine Möglichkeitsbedingung. Man spricht in diesem Zusammenhang von Intertextualität. Dieser Ausdruck, seit J. Kristeva allgemein gebräuchlich geworden, geht zurück auf den russischen Literaturtheoretiker M. Bahktine. Wie Kristeva in ihrem Buch *Semiotikè* schreibt, tritt der Begriff der Intertextualität an die Stelle der Intersubjektivität (Kristeva, 146). Ein Text wird stets, um mit J. Derrida zu sprechen, auf andere Texte gepfropft (Derrida 1972, 395; vgl. Kofman, 111–132).

Es gibt keinen Nullpunkt im Schreiben, und jedes Schreiben wiederholt notwendigerweise Texte oder Textfragmente, die in der einen oder anderen Weise absorbiert und transformiert werden. Absorbieren und Transformieren können die Form annehmen des expliziten oder impliziten Zitierens, des Interpretierens oder Kommentierens, der Ausarbeitung oder Zusammenfassung, der Wiederholung oder Verbesserung, der Zustimmung oder Ablehnung, der Verdrängung oder verborgenen Weiterwirkung usw. Man darf deshalb die erst in der Neuzeit verherrlichte Originalität nicht überschätzen. Die Alten wußten, daß die *imitatio* unzertrennlich verbunden mit der *variatio* (dem Variieren alter Themen und Texte durch unerwartete Anwendungen oder überraschende Formulierungen) und der *aemulatio* (dem Bemühen, die Vorzüge der zum Vorbild dienenden Texte zu übertreffen) das große Ideal eines jeden guten Schriftstellers war (Claes, 31–40). Aber Philosophen wollen vielleicht nicht so sehr gute Schriftsteller, sondern in erster Linie gute Denker sein – was immer dies bedeuten mag.

Die Aufnahme vorausgehender Texte in all den verschiedenen Formen, in denen dies geschehen kann, und ohne daß je auf einen Urtext zu verweisen ist, macht eine wesentliche Möglichkeitsbedingung für das Entstehen und das Verstehen eines Textes aus. Sie begrenzt das Entstehen, aber auch das Verstehen. Kein einziger Text ist ganz und in jeder Hinsicht einsichtig, weder für den Leser noch für den Schriftsteller. Eben diese Begrenztheit erklärt Sokrates' Widerstand gegen die geschriebenen Reden, die, wie im *Phaidros* (279 b) zu lesen ist, gewöhnlich das Ergebnis von Schere und Leimtopf sind – und die, wie man im *Protagoras* (329 a) lesen kann, niemals antworten auf die Fragen, die man stellt. Auch Platons Behauptung, daß die Schrift ein *pharmakon* ist, das heißt, zum einen eine Medizin gegen das Vergessen, zum anderen aber ein Gift, das die wahre Erinnerung behindert, muß in diesem Licht begriffen werden (Derrida 1972, 69–197).

Unsere bisherigen Ausführungen implizieren auch, daß ein Text niemals einen einzigen Vater oder einen einzigen Ursprung hat, sondern immer viele. Die Genealogie eines Textes ist äußerst komplex, und kein Text läßt sich absolut datieren (Derrida 1967, 150). All dies bedeutet schließlich, daß der Begriff des Autors – der erst in der Neuzeit, die literarische Anonymität nun einmal nicht verträgt, es sei denn als Rätsel oder Forschungsaufgabe, konstruiert worden ist – problematisch ist (Foucault, 85).

Bezüglich der Seins- oder Gegebenheitsweise von Texten ist eine weitere Bemerkung zu machen, mittels derer wir zugleich zum Akt des Lesens übergehen wollen: Texte machen einen Teil unserer Welt aus. Sie haben wie alles andere innerweltlich Seiende zunächst nicht die Seinsweise des Vorhandenen, sondern sind uns gewärtig als etwas, „womit wir praktisch und verstehend umgehen und womit wir zu tun haben". Damit ist nicht gesagt, daß ein Text ohne weiteres ein Gebrauchsding oder Zeug ist, wenngleich man ihn zweifellos gebrauchen und auch mißbrauchen kann. Wir gebrauchen Texte fortwährend und gerade, um etwas zu bewerkstelligen, zum Beispiel, um zur Einsicht zu gelangen oder andere zur Einsicht zu bringen, um informiert zu werden oder andere zu informieren, um etwas zu rechtfertigen oder anzuklagen, um etwas annehmbar zu machen oder zu propagieren, um etwas zu verdeutlichen oder eventuell zu verbergen, um uns selbst und andere zu einer bestimmten Verhaltensweise zu bewegen oder von ihr abzuhalten, um uns selbst und andere zu beruhigen oder um Unruhe zu erwecken, um etwas zu bewahren oder zu verändern usw. Texte können als Werkzeuge fungieren, als Mittel zur Analyse eines Sachverhaltes und zur Entwicklung einer Strategie praktischen Handelns.

Unser Umgang mit und unser Verhalten zu Texten ist auf viele verschiedene Weisen bestimmt. Zunächst einmal kann man mit ihnen auf eine eher äußerliche und materielle Weise umgehen. So lassen sich Texte verkaufen und kaufen, verschenken und empfangen; man kann sie vervielfältigen, drucken, kopieren – dabei ist zu bedenken, daß jede Kopie, jedes Exemplar zum Beispiel von Husserls *Logischen Untersuchungen* oder von Kants *Kritik der reinen Vernunft* ein für sich selbst Stehendes und einzigartiges Geschehen mit eigener Bedeutung ist. Texte lassen sich veröffentlichen, verbreiten und zugänglich machen, aber auch zensieren, verbieten, verbrennen – die sogenannte ‚Bücherverbrennung', die die Philosophie von Anaxagoras bis heute begleitet hat. Die Zensur – vor allem als verinnerlichte, d. h. wenn der Autor schon im voraus Rücksicht nimmt auf das, was annehmbar ist und was nicht – ist für die Formgebung und den Inhalt eines Textes oftmals bestimmend. Man denke nur an die *Meditationes* von Descartes. Auch die uns allen vertraute Anforderung, der ein philosophischer Text genügen muß, um als solcher angesehen zu werden, wirkt als eine derartige innere Zensur. Die Anforderung oder Anforderungen (und es wäre wichtig, einmal eine Liste dieser Anforderungen aufzustellen) fungieren wieder als System der Einschließung und Ausschließung. Texte lassen sich auch restaurieren und kritisch herausgeben, sie lassen sich katalogisieren, aufbewahren und so fort. Man darf all diese materiellen Tätigkeiten nicht gering achten. Sie bilden die materielle Basis der Philosophie – ohne dies alles wäre sie nicht, was sie ist, denn sie ist niemals eine rein innerliche Angelegenheit, sondern stets auch ein Werk. Diese Tätigkeiten werden durch ein Geflecht von Institutionen getragen, die ihrerseits auf einem Geflecht von Gesetzen und Vorschriften (wiederum Texten) beruhen, die sich unter anderem auf Eigentumsrechte und Finanzierung, Verbreitung und Zugänglichkeit, Bekanntheit und Autorität, Stil und Formgebung, Aufbau und Einteilung beziehen. In all dem ist stets auch ein Gefüge von Machtpositionen wirksam, die wiederum durch Texte zugewiesen und aufgeteilt werden und die Texte ermöglichen. Ein Philosoph neigt vielleicht dazu, sich ‚imaginär' all diesen materiellen Angelegenheiten und diesem Feld von Machtpositionen zu entziehen; aber wenn er es wirklich täte, würde die Philosophie dadurch ihre Bedeutung verlieren und überhaupt aufhören zu bestehen. Gewiß hat nicht allein Nietzsche darauf hingewiesen, schon Cicero und Quintilian sind hierauf ausführlich eingegangen (IJsseling).

So bedeutsam diese Weisen des Umgangs mit Texten auch sein mögen, sie bewegen sich allein im Bereich der Äußerlichkeit oder besser, sie haben eine metonymische Struktur. Daß es so ist, zeigt sich unmittelbar an der Möglichkeit, jemandem ein Exemplar der Dialoge Platons zu schenken, ohne sie je gelesen zu haben. Zweifellos wird hier eine sinnvolle Tat (sogar ein ‚speech-act‘) ausgeführt, eine sprachliche Mitteilung wird gemacht. Die Mitteilung besitzt eine Art metonymischer Struktur und ist aufgrund dessen möglich, was Nietzsche einen ‚Abkürzungsprozeß‘ nannte. Etwa dasselbe läßt sich über das Kaufen und Verkaufen, das Drucken und Verbreiten, das Verbieten und das Katalogisieren sagen. Einen Text zu lesen heißt noch etwas anderes. Was genau im Akt des Lesens geschieht, ist keineswegs einsichtig. Es liegt zwar eine Phänomenologie der Wahrnehmung ausgearbeitet vor, eine Phänomenologie des Lesens bleibt jedoch noch zu schreiben. Immerhin ist deutlich, daß Texte auf sehr verschiedene Weise gelesen werden können. Die „unvergleichliche Kunst gut zu lesen", von der Nietzsche spricht, kann unterschiedlich ausgeübt werden. Man kann sogar sagen, daß jede große Philosophie eine neue Art des Lesens eingeführt hat. Dies ist sicherlich der Fall bei Philosophen wie Aristoteles, Augustinus, Thomas, den italienischen Humanisten, Spinoza, Hegel, Marx, Nietzsche und Heidegger.

Wir werden hier nun einige spezifische Formen des Lesens beleuchten. Zunächst muß angemerkt werden, daß sie sich miteinander mischen und ineinander übergehen. Eine erste Form des Lesens – die typisch philosophische – ist die des Lesens mit Blick auf die Wahrheit. Während der

Lektüre fragt man sich, ob das, was da geschrieben steht, wahr oder richtig ist. Es ist in diesem Falle jedoch Verschiedenes zu bedenken. Erstens muß man sich vor Augen halten, daß der Begriff der Wahrheit nicht eindeutig ist, und daß jede Textart (auch innerhalb der Gruppe der philosophischen Texte) ihre eigene Art von Wahrheit besitzt. Eine der Aufgaben der Textwissenschaft besteht darin, die verschiedenen Textarten und die ihnen entsprechenden Wahrheitsgehalte zu erfassen und scharf zu unterscheiden. Zweitens ist zu sagen, daß man, wenn nach der Wahrheit eines Textes gefragt wird, gewöhnlich den Text als Text außer acht läßt. Man richtet sich unmittelbar auf den Sachverhalt oder den Gedanken, den er ausdrückt. Der Text ist hier bloßer Ausdruck, Zeichen oder vielleicht Mittel. Daß die Begriffe Ausdruck, Zeichen und Mittel im Zusammenhang mit Texten nicht unproblematisch sind, ist bekannt. Drittens können wir – wie Heidegger es gelehrt hat – in einer bestimmten Hinsicht sagen, daß jeder Text als Text, jedes Werk als Werk schlechthin wahr ist, da sie die Wahrheit als Ereignis des Entbergens und Verbergens „ins Werk setzen". „Es steht geschrieben" – und das ist als Faktum unverkennbar. Es steht da wie der Tempel von Paestum (Heidegger).

Eine zweite wichtige Form des Lesens ist die hermeneutische Lektüre. Hier richtet sich der Blick auf den Sinn oder die Bedeutung. Es wird in diesem Falle nach dem möglicherweise verborgenen Sinn gefragt, nach der eigentlichen Botschaft, nach den ausgesprochenen und unausgesprochenen, bewußten und unbewußten Absichten des sogenannten Autors, danach, was der Text eigentlich, *in casu* uns und in unserer Zeit zu sagen hat. Daß diese Frage nicht ohne weiteres mit der nach der Wahrheit zusammenfällt, wird unmittelbar deutlich, wenn man sich das Programm vergegenwärtigt, das L. Feuerbach, ein typischer Repräsentant der hermeneutischen Lektüre, für sich selbst aufgestellt hat: „Die Verwandlung und Auflösung der Theologie und Metaphysik in die Anthropologie." (Feuerbach, § 1) Es geht ihm keineswegs darum, Theologie und Metaphysik zu verneinen, und ebensowenig will er andeuten, daß die Theologie samt der christlichen Dogmatik und die Metaphysik samt der hegelschen Philosophie unwahr oder unrichtig wäre. Es kommt vielmehr darauf an, sie zu interpretieren, und zwar als Anthropologie oder ethischen Humanismus, was Marx ihm in seiner bekannten elften These gerade vorwirft. (Marx – und das gilt auch für Nietzsche und Freud – läßt sich nicht ohne weiteres der hermeneutischen Tradition einordnen, wie Ricoeur es in seiner „herméneutique du soupçon" gern möchte. Er liest – ebenso wie die beiden anderen – vielmehr mit Blick auf die Begierde und das Geflecht von Machtpositionen, die in der Genealogie, der Struktur und Operativität eines Textes wirksam sind.) Auch in der hermeneutischen Lektüre bleibt der Text als Text gewöhnlich außer acht. Man geht zwar vom Text aus und liest ihn gründlich und sorgfältig, doch man gibt dies sofort wieder auf, um hinter oder unter dem Text nach der eigentlichen Bedeutung oder Botschaft zu suchen, die als eine Art Hinterwelt in der einen oder anderen Weise unabhängig vom Text bestehen soll. Innerhalb dieser Perspektive ist es dann auch möglich und wünschenswert, das, was tatsächlich im Text steht, auf andere, bessere Weise zu sagen. Eine derartige Lektüre hat zweifellos ihr gutes Recht; die Probleme, denen mit Hilfe einer Art „aktiver Vergeßlichkeit" aus dem Weg gegangen wird, dürfen jedoch nicht unterschätzt werden. Diese Probleme beziehen sich fast alle auf die materielle Wirklichkeit des Textes.

Noch eine dritte Art zu lesen ist möglich. Wir nennen sie die rhetorische Lektüre, da sie sich eng an die große rhetorische Tradition anschließt. Wir halten sie keineswegs für allein seligmachend; sie kann uns jedoch für eine Reihe textueller Probleme empfänglich machen, die vielen Lesern entgehen, wodurch sie oft zum Opfer dessen wurden, was Kant den transzendentalen Schein genannt hat. Die rhetorische Lektüre richtet ihren Blick unter anderem auf die argumentativen Strukturen eines Textes. Dabei ist jedoch zweierlei zu beachten. Erstens darf die Rhetorik nicht auf eine Art von Argumentationstheorie reduziert werden. Man braucht nur oberflächlich Aristoteles' *Rhetorica* zu lesen oder irgendeine traditionelle Abhandlung über Rhetorik zur Hand nehmen, um zu erkennen, daß hier nicht allein vom Argumentieren die Rede ist, sondern auch von Macht und Autorität, von Begierde und Vertrauen. Zweitens dürfen die Strukturen der Argumentation keinesfalls auf logische oder quasi-logische Argumente zurückgeführt werden. Zur tatsächlichen Argumentationsstruktur, Überzeugungskraft oder zum Befriedigend-sein eines Textes gehören auch der Platz inmitten anderer Texte, die Autorität, die Einheit, Identität und Authentizität, die ihm zugeschrieben werden – und ebenso der Platz, die Einheit, die Identität, Vertrauenswürdigkeit und anderes mehr, das dem Autor zugeschrieben wird. All dies ist für sich das Ergebnis einer Tätigkeit des Zuschreibens und daher eine Wirkung von Texten. Von Bedeutung ist hier die Gesamtheit intertextueller Verweisungen, die stets mit einem System des Ein- und Ausschließens einhergeht. Dabei wird immer auch auf Machtstrukturen und -positionen zurückgegriffen. Wichtig sind nun die intra-textuellen Verweisungen, das heißt die Verweisungen innerhalb des Textes sowie die regelmäßigen Rückbezüge auf das, was früher gesagt worden ist oder gesagt worden sei, und die beständigen Vorgriffe auf das, was kommen wird oder werde. So gehört bei

Hegel die häufig vorkommende Behauptung, daß Versicherungen das Gegenteil von Philosophie seien, da letztere nur in der wirklichen Darstellung des Systems bestehen könne, die fortwährend antizipiert, aber auch immer aufgeschoben wird, zur Argumentationsstruktur; so auch die bei Kant häufig wiederkehrende Entschuldigung, daß er aus Zeitmangel und wegen des Umstandes, daß sein Buch andernfalls zu umfangreich würde, auf die Problematik nicht näher eingehen und auch nicht in einem anmutigeren Stil formulieren könne. Bezüglich der Rückbezüge und Vorgriffe ist ferner zu sagen, daß die eine Philosophie aufbauenden Begriffe – wir würden hier lieber von ‚Wörtern' sprechen – stets aufeinander verweisen und angewiesen sind. Diesem Verweisungsgefüge entlehnen sie ihre Bedeutung. Bedeutung ist immer Sache von Gegensätzen und Beziehungen. Überdies ist die Stellung der verwandten Begriffe zueinander nie völlig gleichartig. Einige von ihnen oder ihre Äquivalente tragen den Text und ermöglichen ihn. Würden sie daraus entfernt, dürfte von ihm nicht mehr viel übrigbleiben. Andere gehören eher zum Gefolge. In der Phänomenologie Husserls sind dies Wörter wie Wahrnehmung, Gegenwart, Bewußtsein, Subjekt, Aktivität, Zeit, Eigentum, transzendental und natürlich auch die Entsprechungen und Gegensätze derselben. Sie beherrschen den Text und dominieren alles andere.

Nebst dem Aufbau *(compositio)* sind auch Formulierung und Stil *(elocutio, lexis)* von großer Bedeutung. Zum Stil gehören unter anderem Orthographie und Lesbarkeit, die vorhandenen Wiederholungen und Verschiebungen, die angewandte Fachsprache (und zur Fachsprache gehören auch Wörter wie Subjekt und Objekt, wahr und falsch usw.), die gewählten Beispiele *(paradigma)* und natürlich alle rhetorischen Figuren, wobei Metonymie und Metapher eine besondere Rolle spielen. Selbst ein mehr oder

weniger streng logisches Vorgehen oder eine mehr oder weniger formalisierte Schreibweise sind Fragen des Stils. Es ist zu betonen, daß der Stil niemals reine Ausschmükkung, Einkleidung *(ornatus)* einer sogenannten „nackten Wahrheit" ist – für sich schon eine faszinierende Metapher. Vielmehr ist er bestimmend für das, was in einem Text zur Sprache kommen kann und was nicht, für die Stärke und Schwäche eines Textes, das heißt für seine Bedeutung und für das, was er ausrichten und bewerkstelligen kann, und schließlich auch für die Befriedigung, die ein Text möglicherweise zuwege bringt. Befriedigung, die intellektueller oder anderer Art sein kann und immer mit der Begierde zusammenhängt, ist das wichtigste Motiv für das Lesen und für die Auswahl, die bezüglich eines unübersehbaren Angebots getroffen wird, und sie bestimmt in großem Maße das, was ein Text tatsächlich bewirkt. Wie bedeutsam der Stil ist, könnte man durch die Tatsache verdeutlichen, daß französische Philosophen in Deutschland im allgemeinen kaum ernstgenommen werden und daß deutsche Philosophen in Frankreich nicht gelesen werden. Der Grund dafür liegt weniger in einer Sprachbarriere, sondern vielmehr in einem unterschiedlichen Stil. Für das Argumentationsverfahren sind schließlich auch rein materielle Faktoren wie Länge und Umfang, Verbreitung und Zugänglichkeit und somit auch die Welt der Verleger nicht unwichtig, die durch einen Zusammenhang von Machtpositionen gekennzeichnet ist.
In der rhetorischen Lektüre, die wir hier vor Augen haben, werden die oben genannten Argumentationsstrukturen nicht so sehr auf ihre Gültigkeit hin, sondern vielmehr auf ihr wirkliches Funktionieren hin untersucht, das heißt insofern sie für den Aufbau und die Bedeutung oder das Entstehen und das Verstehen eines Textes bestimmend sind. Vor allem wird danach gefragt, was ein Text tatsäch-

lich bewerkstelligt und welche Bedingungen sowohl seitens des Textes als auch seitens des Lesers erfüllt sein müssen und welche Regeln einzuhalten sind, damit diese Wirksamkeit wirklich zustande kommen kann. Das Erzielen einer Wirkung mittels eines Textes kann viele Formen annehmen. Es variiert vom Erfreuen, der Beschaffung von Information, der Rechtfertigung einer Sachlage, dem Anraten und Verbreiten einer Überzeugung, der Vermittlung einer fundierten Einsicht, dem Schaffen von Deutlichkeit und Ordnung, aber auch dem Stiften von Verwirrung oder Vergessenheit, dem Antreiben zu und dem Abhalten von einer Verhaltensweise bis zur Einrichtung, Bewahrung und Auflösung von Gegensätzen zwischen Menschen, zwischen Subjekt und Objekt, zwischen dergleichem wie Vernünftigem und Unvernünftigem, Gerechtfertigtem und Ungerechtfertigtem, wissenschaftlich Fundiertem und nicht Fundiertem, Gut und Böse, wahr und falsch usw. Solche Wirkungen können ausdrücklich gewollt und bewußt beabsichtigt, aber auch ungewollt und unbewußt erzielt werden. Sie können direkt, aber auch indirekt zustande gebracht werden. So zieht beispielsweise der unmittelbare Nachweis, daß eine bestimmte Behauptung unvernünftig oder unwissenschaftlich oder ungerecht oder falsch ist, stets die indirekte, nicht ausdrückliche und ungewollte Wirkung nach sich, daß ein bestimmter Gegensatz zwischen vernünftig und unvernünftig, wissenschaftlich und unwissenschaftlich oder recht und unrecht, wahr und falsch aufrechterhalten wird. Diese und dergleichen Gegensätze sind ein Effekt des Textes. Und gerade darüber kann man vieles von Aristoteles lernen. Das Wichtigste, was ein Text jederzeit ausrichtet, besteht darin, daß er für den Leser einen bestimmten Platz entstehen läßt und ihm diesen auch zuweist. Die Stelle, die der Leser innerhalb des Seienden einnimmt, ist immer die Wirkung eines Geflechtes von Texten. Zu klären, wie das genau geschieht, ist eine der wichtigen Aufgaben der Rhetorik.

In dieser rhetorischen Lektüre wird von der Frage nach der Wahrheit abgesehen. Das, wonach gefragt wird, ist das, was ein Text tatsächlich ausrichtet, und was zu diesem Zweck erforderlich ist. Eine derartige Lektüre stößt, wenn sie radikal durchgeführt wird, auf den unwiderruflichen Widerstand der Philosophen. Dieser Widerstand ist begreiflich und gerechtfertigt. Die Beziehungen zwischen Philosophie und Rhetorik sind von Platon bis heute stets konfliktgeladen gewesen. Die Philosophie wirft der Rhetorik – und nicht zu Unrecht – vor, daß sie der Wahrheit keine Aufmerksamkeit schenkt, daß für sie allein die Wirkung zählt. Sie bewege sich nur im Bereich der Äußerlichkeit und erwarte alles von der Macht des Wortes. Die Rhetorik wird jedoch der Philosophie vorhalten, daß sie nun einmal nicht außerhalb des Geflechtes von Texten bestehen kann und daß sie, wenn sie sich verteidigen und rechtfertigen will, wie Quintilian es sagte, „die Waffen benutzen muß, die ihr die Rhetorik anreicht – nicht ihre eigenen Waffen" („uti rhetorum armis non suis", Quintilianus, Institutio oratoria, XII, 2, 5).

Rhetorik und Philosphie stehen zueinander in einem gespannten Verhältnis.[1] Es kann nicht dadurch aufgelöst werden, daß einer der beiden gegensätzlichen Termini außer Geltung gesetzt wird. Noch grundsätzlicher gesagt: Philosphie ist nur möglich innerhalb dieses Spannungsfeldes, ebenso wie Platons Dialoge allein aufgrund der fort-

---

[1] Dieses Spannungsverhältnis behandelt mein Buch Retoriek en filosofie, Bilthoven 1975; in englischer Übersetzung erschienen unter dem Titel Rhetoric and Philosophy in Conflict. An historical survey, The Hague 1976.

währenden Diskussion mit den Sophisten möglich sind, die sich vorbehaltlos auf die Seite der Rhetorik gestellt hatten.

Philosophieren ist der anhaltende Versuch, der Rhetorik zu entkommen, ohne übrigens je darin völlig siegreich sein zu können.

Literaturverzeichnis

Claes, P.: Het netwerk en de nevelvlek. Semiotische studies, Leuven 1979.
Derrida, J.: De la grammatologie, Paris 1967.
–: La dissémination, Paris 1972.
Feuerbach, L.: Grundsätze der Philosophie der Zukunft, Zürich 1843.
Foucault, M.: Qu'est-ce qu'un auteur? in: Bulletin de la Société Française de Philosophie 63 (1969).
Heidegger, M.: Der Ursprung des Kunstwerkes, in: Holzwege, Frankfurt a. M. 1957, 7–68.
IJsseling, S.: Rhétorique et philosophie. Platon et les Sophistes ou la tradition métaphysique et la tradition rhétorique, in: Revue Philosophique de Louvain (Mai 1976) 193–210.
Kofman, S.: L'opération de la greffe, in: L. Finas u. a.: Ecarts, Quatre essais à propos de Jacques Derrida, Paris 1973, 111–132.
Kristeva, J.: Sémiotikè. Recherches pour une sémanalyse, Paris 1969.

Darstellung und Diskurs

Von Jan M. Broekman, Leuven

> „Nirgends schien in der Aufgabe des Philosophen für Rücksicht auf die Darstellung ein Ort." Walter Benjamin

Jede mögliche Wendung des abendländischen Denkens ist mit dem Phänomen der Darstellung verbunden (Benjamin I/1, 207). Denn die Begrifflichkeit, in der dieses Phänomen eingefangen wird, gehört zu den Grundbegriffen unseres Denkens und seines Selbstverständnisses. Aber es geht bei der Darstellung nicht ausschließlich um Adäquatheit der Begriffe, Aussagen und Artikulationen. Es geht vielmehr um ein Ereignis, das weit umfassender ist, als seine Begriffsbildung auszudrücken vermag: Darstellung beschreibt nicht nur, sondern *ist* das Verhältnis des abendländischen Menschen zur Wirklichkeit. Die Begrifflichkeit spielt hier zwar eine dominante Rolle, aber es bleibt unbestimmbar, in welchem Ausmaß das der Fall sei und welche Bedeutung dieser Begrifflichkeit zuzumessen wäre. Denn im Herzen des Verhältnisses zur Realität wird die Begriffsbildung alsbald zu einer Mythologie, wird die Rede zu einem bedeutsamen Schweigen und die Rationalität zu einer durch die Selbstdarstellung ins Wanken gebrachte Sicherheit. Welches wäre die Rolle, die jenes Ereignis der Darstellung angesichts der humanen Diskursivität erfüllt? ‚Diskursivität' sei uns in diesem Zusammenhang ein Stichwort für die Rede, die unser Sprechen nicht von vornherein als subjektgebundene Aktivität und unser Gesprochen-werden nicht als Determiniertheit und

Passivität desselben Subjektes auffaßt, sondern eben in der spezifischen Verschränkung von beiden Momenten die Eigenart unseres sprachlichen Weltverhältnisses sieht. Dann wäre zu fragen, ob jene Diskursivität das Ereignis der Darstellung erfaßt: eben durch Darstellung, oder durch andere Erkenntnis- und Erfahrungsweisen?

1. Zahl

Diese Erwägung gilt beispielsweise in einem besonderen Maße für das Verhältnis von Kunst und Wissenschaft. In der verstehenden Rede geht die Grenze zwischen beiden verloren. Zugleich wird aber ersichtlich, wie sehr im Rahmen unserer abendländischen *episteme* beide aufeinander angewiesen sind, soll von Wissenschaft und Kunst irgendeine Art von Ganzheit zu erwarten sein. Wissenschaft, so bestätigt unser Zeitalter durch manche Erfahrungen, führt offensichtlich zu bedrohenden Verkürzungen, wenn sie ausschließlich eine referentielle Aktivität sein soll. Es entsteht ein Manko an Innerlichkeit, wenn sie dauernd nach einem Draußen referieren muß, um ihre Aussagen sinnvoll erscheinen zu lassen. Wenn Wissenschaft ihre eigene Innerlichkeit sozusagen umkehren und nach draußen umstülpen muß, erschöpft und vereinseitigt diese referentielle Arbeit sie. Solches wird aus der Tatsache ersichtlich, daß die wissenschaftliche Rede zu einer mechanistischen wird, wenn sie sich ihrer Teilnahme an dem Ereignis der Darstellung nicht bewußt bleibt. Denn erst dann erinnert die Wissenschaft sich vielleicht, daß in ihr die menschliche Rede ein Bündnis eingehen will, welches die Äußerlichkeit des Wissens mit der Innerlichkeit des Denkens und der Reflexion vereint. Diese Erinnerung ist von großem Gewicht, denn man bekommt den Eindruck, daß das Wort der Kunst jene Innerlichkeit auch während seiner Veräußerlichung zu behalten weiß. Das Wort der Wissenschaft hingegen ist ständig der Gefahr ausgesetzt, sich ohne Rückhalt zu veräußerlichen und somit jede mimetische Energie zu verlieren.

Steht vielleicht aus diesem Grunde das Wort der Kunst der inneren Rede nahe, und zwar so, daß es keiner wirklichen Mitteilung bedarf? Daraus wäre dann die radikale Stellungnahme von Walter Benjamin zu verstehen: „Nirgends erweist sich einem Kunstwerk oder einer Kunstform gegenüber die Rücksicht auf den Aufnehmenden für deren Erkenntnis fruchtbar... so setzt auch die Kunst selbst dessen leibliches und geistiges Wesen voraus – seine Aufmerksamkeit aber in keinem ihrer Werke. Denn kein Gedicht gilt dem Leser, kein Bild dem Beschauer, keine Symphonie der Hörerschaft." (Benjamin I/3, 829f.)

Man überlege genau: das Kunstwerk zeigt nach Benjamins Auffassung eine Indifferenz gegenüber bestimmten mitteilenden, redenden und hörenden Figuren der Diskursivität, und dies ganz besonders gegenüber der dominanten Gestalt der Subjektivität: Leser, Beschauer, Hörer. Solches wird jedoch nicht im Hinblick auf den Diskurs an sich, auf die Sprache als solche bemerkt. Denn der Kanon der Sprache ist vielleicht noch der einzige Bereich, in dem wirklich von Darstellung und Ähnlichkeit gesprochen werden kann. Das wird besonders deutlich, wenn man hinweist auf die Bedeutung der Namen, auf die Verschränkung von Schrift, Zeichen und Text, auf die Zusammenhänge zwischen dem gesprochenen und geschriebenen Wort.

Kein Wunder, daß hinsichtlich des Verhältnisses von dem Wort des Kunstwerkes und jenem der Wissenschaft, von Innerlichkeit und Veräußerlichung, der Parallele mit der inneren Rede, die diesbezüglichen Ausführungen in Wittgensteins *Philosophischen Untersuchungen* dienen können. Aber subtiler ist das Problem in Husserls erster *Logischen Untersuchung: Ausdruck und Bedeutung* angeschnitten worden. Nur in der wirklichen Rede, sagt Husserl, „im wirklichen Sprechen und Hören" gelangt die bedeutende und die kundgebende Funktion von Sprache zu einer Einheit. „In gewissem Sinne *spricht* man allerdings auch in der einsamen Rede, und sicherlich ist es dabei möglich, sich selbst als Sprechenden und eventuell sogar als zu sich selbst Sprechenden aufzufassen... Aber im eigentlichen, kommunikativen Sinne spricht man in solchen Fällen nicht, man teilt sich nichts mit, man stellt sich nur als Sprechenden und Mitteilenden vor. In der monologischen Rede können uns die Worte doch nicht in der Funktion von Anzeichen für das Dasein psychischer Akte dienen, da solche Anzeige hier ganz zwecklos wäre. Die fraglichen Akte sind ja im selben Augenblick von uns selbst erlebt." (LU II/1, 36) Die hier auftretenden Figuren der Diskursivität sind in diesem Falle lediglich als Scheingestalten zu nehmen. Sie sind Vervielfältigungen einer ganz bestimmten Figur, nämlich jener der Subjektivität. Die Unmittelbarkeit der Präsenz des Subjekts in der inneren Rede nimmt jeder Mitteilung ihren Sinn weg. Es gibt nach Husserls Worten keine Darstellung, sondern lediglich eine Vorstellung. In der Innerlichkeit der Vorstellung und folglich der Absenz von Äußerlichkeit ist nach Husserl nichts unterscheidbar, mitteilbar und fällt die Funktion der Anzeige weg.

Bei alledem wird ersichtlich, wie sehr bei dieser Bestimmung der inneren Rede eine gewisse Sprachauffassung am Werke ist, die sowohl den Begriff der Diskursivität determiniert als auch die Differenz von Vorstellung und Darstellung in ihrem Griff hält. Rede und Diskursivität sind für diese Auffassung von Sprache ganz offensichtlich als

Wechselspiel von Sprechen und Hören, als Rollenwechsel zweier Gestalten von Subjektivität, nämlich von Sprecher und Hörer aufzufassen. Eben diese Sprachauffassung gehört zu dem „wirklichen Sprechen und Hören". Darin ist die gegenständlich interpretierte Verdoppelung des Subjekts – in der inneren Rede – sinnlos, aber als Wechselspiel von Sprecher und Hörer ist dieselbe Verdoppelung der Subjektivitätsfigur ganz offensichtlich zugelassen und sinnvoll! Klar wird daraus, daß der Diskurs somit lediglich als Ensemble solcher Vervielfältigungen der Subjektivitätsfigur genommen wird. Wort, Sprache, Reflexion, Anzeige und Kundgabe sind somit alle nach diesem selben Muster verstanden worden. Erst aufgrund dieser Auffassung ist der Sinn der Rede zu verstehen, und mit ihm der Sinn der Darstellung.

Interessant ist hier der Kommentar von Derrida, der zwar an diesem Punkt vorbeigeht, aber doch bemerkt: „Husserl muß zwischen der tatsächlichen Mitteilung und der als sprechendes Subjekt bestimmten Selbstrepräsentation derart eine Differenz ansetzen, daß die Selbstrepräsentation gegebenenfalls von außen kommend sich an den Mitteilungsakt anschließen kann." (Derrida 1979, 112) Aus diesem Manöver der Subjektivität hinsichtlich ihrer (Re)Präsentation ist Husserls Sprachauffassung abzuleiten. Mehr noch: die Gesamtheit der Darstellungsproblematik in bezug auf Innerlichkeit und Äußerlichkeit erscheint hier in seiner Verbundenheit mit der skizzierten, im wesentlichen *more-geometrico*-Sprachauffassung. Genau darauf zielt die Bemerkung von Derrida, daß man „ebensowenig einen tatsächlichen Diskurs ohne Selbstrepräsentation wie eine Repräsentation des Diskurses ohne tatsächlichen Diskurs" sich vorstellen kann. Gegen die angedeutete Sprachauffassung richtet sich Derridas Kritik, indem er darauf hinweist, daß „unabhängig davon, ob es sich nun um einen Ausdruck oder um eine anzeigende Mitteilung handelt, die Differenz zwischen der Realität und der Repräsentation, zwischen dem Wahren und dem Imaginären sowie zwischen der einfachen Präsenz und der Wiederholung immer schon begonnen hat, sich auszulöschen" (Derrida 1979, 104).

Will man mit der Aufrechterhaltung jener Differenz – also auch jener der Innerlichkeit des Wortes der Kunst und der Äußerlichkeit des Wortes der Wissenschaft – die Präsenz retten und somit das ontologische Grundschema der abendländischen Metaphysik für die Darstellung sowie für den Diskurs als Grundlage beibehalten?

Eine weitere Parallele drängt sich auf, wenn man sich vergegenwärtigt, daß die hier hervorgehobene Präsenz für Husserl als Gestalt der Zeit zu nehmen wäre. Das wird beispielsweise aus seiner Habilitationsschrift *Über den Begriff der Zahl* (Hua XII, 308 f.) ersichtlich. Aber diese Auffassung der Zeitproblematik transformiert die Frage nach der (Un)Aufhebbarkeit der Präsenz in einer solchen Weise, daß jene Zeit von Husserl als Kontinuität, als verbindende Kraft, als Bestimmung von Vielheit, als Einheit von Diversität und keineswegs als Differenz (Derrida) gedacht wird. Damit ist die Verschränkung von Sprache, Zeit und Darstellung erneut in den Vordergrund gerückt. Ist Darstellung wirklich auf Zeit als Kontinuität angewiesen und darum an den Kanon der Sprache gebunden? Oder gäbe die Betrachtung der Zahl, um bei Husserls Analysen zu bleiben, noch Anlaß zu einer anderen Auffassung von Zeit hinsichtlich der Darstellung? Zu vermuten ist, daß Zeit als Kontinuität und als Verbindung überhaupt immer schon Präsenz voraussetzt und als Voraussetzung bestätigt. Das wäre eine parallele Argumentation, wie sie soeben bereits im Hinblick auf Diskursivität und Darstellung gegeben wurde. Behält man dieses Argument nicht im Auge, dann entsteht alsbald eine Auffassung, die das Ereignis der Darstellung mit seiner Sprachlichkeit und Begrifflichkeit unaufhaltsam veräußerlicht, und zwar durch andauernde Referenz des Diskurses nach einem hypostasierten Draußen.

Während der Entfaltung dieser Gedanken entsteht der Eindruck, daß die Frage nach der Struktur des referentiellen Geschehens im Diskurs sehr wichtig ist. In diesem Zusammenhang ist es vielleicht interessant, an einen merkwürdigen Satz von Pascal zu erinnern, der gewissermaßen als Wiederaufnahme einer Aussage von Plato zu verstehen wäre (Gadamer 1978, 10f.). Die Zahlen, so Pascal, ahmen den Raum nach – und sind ihm doch von Natur so unähnlich. Wer die Problematik der Ähnlichkeit in diesem Satz hervorhebt, muß sich sagen, daß die Räumlichkeit hier als Begriff für das Offene gilt, in dem alles seinen Platz hat. Steht also der Begriff des Raumes für Ausdehnung und Offenheit, so steht der Begriff der Zahl in diesem Satz für Konstruktion und strenge Gesetzlichkeit. Zahlen sind aber auto-referentiell, d. h. nur auf andere Zahlen bezogen. Sie bekommen ihren Sinn vollständig aus dieser Beziehung. So ist erneut die Referenz in Erwägung zu ziehen, wenn man sich nun fragt, wie reine Konstruktivität des menschlichen Bewußtseins, und mit ihr die geradezu perfekte Selbstdarstellung als referentielles System, den Raum nachzuahmen vermag. Denn die Nachahmung ist hier weder als Nachbildung noch als ein Ablesen des bereits Vorhandenen zu verstehen. Im Gegenteil: Sinn von Pascals Aussage ist es, daß die Zahlen den Raum erst hervorbringen. Allgemeiner ausgedrückt wäre zu sagen, daß die Mimema das, wovon sie Mimema sind, entstehen lassen. Oder anders formuliert: die reine Konstruktion begreift sich erst als ‚Bild‘, indem sie ihr eigenes ‚Vor-Bild‘ erzeugt! Referenz ist offensichtlich immer schon von einer tatsächlichen Selbstreferenz mitbestimmt, Darstellung immer schon durch eine bereits stattgefundene Selbstdarstellung festgelegt. Die referentielle Aktivität im Diskurs ist infolgedessen niemals zu beschreiben als Akt des intentionalen Bewußtseins, der „nach vorne gerichtet" ist. Er ist immer schon von einem Blick auf den Anfang erfüllt. So schreibt man einen Text und versteht dann, daß man eine Übersetzung geschrieben hat. So ist auch die Textualität des erwähnten Satzes von Pascal als Ereignis der Darstellung zu verstehen: als Übersetzung, Wiederholung, Referenz auf den Anfang ausgerichtet, ja als Textualität ist dieser Satz und sind unsere Sätze überhaupt eingespannt in einer noch kaum ausgedachten Metaphysik der Wiederholung. Hugo v. Hofmannsthal ahnte dies, als er aus der eigenen Erfahrung von einem „Lesen des nie Geschriebenen" berichtet. Für Walter Benjamin, der diesen Satz v. Hofmannsthals öfter zitiert, ist die Quintessenz aller historischen Erkenntnis dadurch bestimmt. Diese Erkenntnis ist nicht durch den Blick ‚nach vorne', sondern durch den Kampf um den frühesten Blick auf die Anfänge bestimmt (Benjamin I/3, 1246). Anfang ist hier nicht als Ursache im kausalen Sinne zu verstehen, sondern vielmehr als Umfang, als Totalität, als Universalität. Die Benjaminsche Idee einer Universalprosa ist hier zu erwähnen, sie ist für den Zusammenhang von Darstellung und Diskursivität von größtem Gewicht. Darauf zielt auch die Bemerkung von Paul Eluard aus *Répétitions*, 1922, nach welcher die Menschheit ihren Text in „unzähligen Wiederholungen nachzuschreiben" habe. Da ist eine Dynamik ersichtlich, die sonst verborgen bleibt. Arbeit des Verstehens ist Arbeit an einem Bild, das sein Vor-Bild durch sein Bild-sein selbst erzeugt. „Jeder Augenblick ist das Jüngste Gericht für das, was in irgend einem frühern Geschehen ist." (Benjamin I/3, 1174) Das ist genau die Antipode zu Husserls Interpretation der Zeit als Kontinuität. Hier ist Zeit so erfahren, daß sie *in die Darstellung einsteht* und nicht Bedingung für die Kontinuität von Darstellung ist.

Das schaffende Subjekt „weiß" von dieser Mimesis nichts, wenn es sein Schaffen in der Begrifflichkeit des abendländischen Wissens zum Ausdruck bringt. Dennoch ist dieses Mimetische gerade das entscheidende Kriterium für Wort und Wissen. Das „Bild der Vergangenheit" ist also sehr vieldeutig und sein Gehalt an Darstellung wäre kaum festzulegen. Die Abgeschlossenheit des Mimetischen für sein Vor-Bild, d. h. für seine eigene Geschichte, dürfte als tieferer Grund für die fehlende Innerlichkeit des Wortes der Wissenschaft gelten. Wenn im Wissen diese wirkliche Vergangenheit fehlt, herrscht ein Manko an Darstellung, welches das Ereignis von Diskurs und Referenz trifft. Dann lebt das Mimetische in unserer Diskursivität gewissermaßen im Exil – eine Erfahrung, die zu den dichterischen Erfahrungen der Gegenwart gerechnet werden dürfte. Sehr klar formuliert Jean-Pierre Vernant Übereinstimmung und Unterschied von dichterischer Erfahrung und philosophischer Reflexion: „Dans l'*eidôlon*, la présence réelle se manifeste en même temps comme une irrémédiable absence. C'est cette inclusion d'un ‚être ailleurs' en sein même de ‚l'être là' qui constitue l'*eidôlon* archaïque moins comme une image en sens où nous l'entendons aujourd'hui que comme un double, qui en fait non une représentation dans le for intérieur du sujet, mais une apparition réelle insérant effectivement ici-bas, dans ce même monde où nous vivons et voyons, un être qui sous la forme momentanée du même se révèle fondamentalement autre parce qu'il apparient à l'autre monde. Pour la pensée archaïque, la dialectique de la présence et de l'absence, du même et de l'autre, se joue dans la dimension d'au-delà que comporte, en tant que double, l'*eidôlon*, dans ce prodige d'un invisible qui pour un instant se fait voir. (Darauf bezieht sich auch Benjamins Ausdruck des *Bildes* der Vergangenheit.) Cette dialectique se retrouve chez Platon; mais, transposée dans un vocabulaire philosophique, elle n'a pas seulement changé de registre et pris une signification nouvelle. Elle s'est en quelque sorte inversée." (Vernant, 111)

2. Ton

Der Ton, so ist schon verschiedentlich bemerkt worden, ist für die Zeit, was die Zahl für den Raum wäre. Auch Töne referieren nicht nach einem hypostasierten Draußen, auch sie sind ausschließlich auf sich bezogen. Sie besitzen eine ungeheuer reiche Beziehungskomplexität. Das Ton-Geschehen ist noch mehr ein selbständiges Geschehen als jedes Wort-Geschehen. Musik scheint offensichtlicher eine Selbstdarstellung zu sein als Sprache. Musik sucht nicht ihr Vor-Bild, wie das mit Sprache und Geschichte der Fall ist. Musik bedeutet nicht etwas, der Ton ist nicht in eine bedeutende und eine kundgebende Funktion aufzuteilen. Dabei soll notiert werden, daß die musikalische Komposition, als Text, anders beurteilt werden sollte als das Phänomen der Musik selber. Klar wird solches, wenn man sich vergegenwärtigt, daß die Komposition als Text nicht die Bedeutung der tatsächlichen Musik ist und keineswegs die Materialität der Musik ausmacht. Das Etwas, worauf die Bedeutung der Musik verweist, ist ein Un-Gewisses, ja, ein Un-Ding.

Dieses Etwas wäre auch kein textuelles Objekt: kein Buch, kein Libretto, kein Text. Das ist um so interessanter, weil in unserem Problemzusammenhang eine derartige Erwägung tatsächlich naheliegend ist. Einmal gibt es besonders in der griechischen Kultur ein dauerndes Zusammengehen von Wort und Ton, von Text und Musik. Weiterhin sind die Bemerkungen von Franz Rosenzweig in *Der Stern der Erlösung* sowie manche Hinweise in den Werken und Notizen von Walter Benjamin bezeichnend im Hinblick auf die Bedeutung der Tragödie für unser Problem (Broekman, 96ff.). Schließlich soll erwähnt werden, wie sehr beispielsweise für Cl. Lévi-Strauss der Zusammenhang von Musik und Mythos von Bedeutung für die Darstellungsproblematik ist.

Aber man soll durch diesen Hinweis nicht auf eine falsche Denkspur geraten. Zusammenhänge wie jene zwischen Wort und Musik sind keine analytischen Zusammenhänge. Das wird allein schon aus der Erfahrung der Tragödie ersichtlich. Die Tragödie ist ein Spiegel; wer an diesem Werk teilnimmt, geht in eine Konstruktion ganz besonderer Art ein. Einswerden mit der Tragödie und dem Tragischen heißt, in eine universale Ordnung eingehen. Es ist genau die Entdeckung dieser Universalität, die Freud beispielsweise zuließ, um die Ödipusgeschichte neu zu verstehen und für seine Zeitgenossen und für uns von therapeutischer Bedeutung werden zu lassen. Es erübrigt sich fast zu sagen, daß das hier keine numerische Universalisierung betrifft, sondern eine Universalisierung von Bedeutungen.

Dieser letzteren strebte auch Nietzsche nach, als er in *Die Geburt der Tragödie* über eine Kulturform sprach, für die das Symbol des *musiktreibenden Sokrates* gilt. Dieser Sokrates ist zugleich der Prototyp des Erkennenden: er beherrscht die *tragische* Form der Erkenntnis, die als *eigentliche* vorgestellt wird. Aus welchem Grund geschieht das? Einmal scheint das so zu sein, weil der tragische Mythos nie *begrifflich* durchsichtig werden kann. ‚Tragische' Erkenntnis übersteigt demnach in sich die reine Begrifflichkeit. Dazu gehört die Musik, aus deren Geist die Griechen nach Nietzsches Auffassung geboren waren und lebten. Was tragischen Helden, so sagt Nietzsche, als Wortdichtern nicht gelang, konnte ihnen als schöpferischen Musikern in jedem Augenblick gelingen (Nietzsche, 87). Weiterhin soll bemerkt werden, daß in diesem selben Zusammenhang das Tragische mit dem Modus des *Schweigens* verbunden ist. Darum ist das Schweigen für die Rede, was die Stille für die Musik ist. Man könnte in einem gewissen Sinn behaupten, daß die Rede auf das Schweigen angelegt ist, und das gilt ebenfalls für die Musik und ihre Stille. Schweigen findet weder *in* noch *gegenüber* der Rede statt – es ist *eine andere Sprache der Rede*. Nur in Diskursivität kann seine Semantisierung stattfinden. „Das Schweigen des tragischen Helden schweigt in aller Kunst und wird in aller Kunst verstanden ohne Worte." (Rosenzweig, 107) Erst die Musik läßt das Mythische als Aspekt dieses Schweigens ersichtlich werden. Darum ist für Lévi-Strauss der Komponist „... un être pareil aux dieux...". Daher auch der Abstand zu der Sprache sowie die problematische Nähe zu der humanen Rede: „... le caractère commun du mythe et de l'oeuvre musicale, d'être des langages qui transcendent, chacun à sa manière, le plan du langage articulé" (Lévi-Strauss 1964, 23).

Der Grundplan der Bestimmtheiten von den historischen und metaphysischen Mustern unserer Alltagserfahrung sowie der Gewohnheiten unseres Denkens wird durch Mythos und Musik entregelt. Lévi-Strauss betont als Beispiel die Subjektentbundenheit der mythischen Rede. „Les mythes n'ont pas d'auteur: dès l'instant qu'ils sont perçus comme mythes... ils n'existent qu'incarnés dans une tradition. Quand un mythe est raconté, des auteurs individuels reçoivent un message qui ne vient, à proprement parler, de nulle part." (ebd. 26) Vernehmen entregelt. „Le mythe et l'oeuvre musicale apparaissent ainsi comme des chefs d'orchestre dont les auditeurs sont les silencieux exécutants." (ebd. 25) Präsenz wird im Vernehmen aufgehoben. Vernehmen greift ein in das Verhältnis von Phänomen und Erkenntnis. Das epistemologische Moment enthüllt sich im Vernehmen, freigesetzt durch den Ton, als das eigentliche Draußen. Das tangiert erneut den Zusammenhang von Präsenz und Referenz. Das Erkennen erscheint als Äußerlichkeit der Phänomene: „On ne peut espérer d'eux nulle complaisance métaphysique..." (Lévi-Strauss 1971, 571)

3. Wort

Zahl und Ton sind also auffallend *poietische* Konstruktionen. In ihnen ist die Darstellung nicht von der Selbstdarstellung zu trennen. Eine solche Verselbständigung des Darstellungsaspektes wäre zugleich die Ursache für ein Defizit an Vergangenheit. Dieses Defizit ist gewiß als kulturgefährdendes Moment zu charakterisieren. Weniger auffallend, oder vielleicht: verborgener, ist das mit dem Wort der Fall. Die poietische Konstruktion von Sprache ist nämlich im abendländischen Denken mehr und mehr an den mimetischen Charakter vom Verhältnis zwischen Sprache und Welt gebunden worden. So ist die zumeist fortgeschrittene Frage in dieser Hinsicht doch noch eine philosophische: ist die Welt *qua talis* als Vor-Bild von Sprache zu verstehen?

Nun soll man erneut davor warnen, das Verhältnis von Vor-Bild und Bild als kausales aufzufassen, als Bild-Abbild-Verhältnis oder gar als Grundstein für eine deskriptive Sprachauffassung. Auch in dieser Hinsicht sind die Erörterungen von Zahl, Harmonie, Ton, Mythos und Musik für das Verbale von Belang. Es ist in diesem Zusammenhang fast eine Selbstverständlichkeit, daß die griechische Lyrik und Tragödie mit der Musik eng verbunden waren. Daraus folgt die Frage, ob die Auffassung des Mimetischen hinsichtlich Sprache und Musik so sehr gegenläufig sein konnte? Wie wäre das innere Band zwischen dem Wort in Lyrik und Tragödie einerseits und der Musik andererseits möglich, ja, wie wäre die Einheit des Werkes überhaupt möglich, wenn da eine instrumentalistische Sprachauffassung vereinigt werden sollte mit den keineswegs instrumentalistischen Darstellungserfahrungen der Musik?

Auf weitere Sicht hat diese Erwägung zur Folge, daß man sich fragen sollte, ob es nicht vielmehr eine Einheit gibt *vor* allen Differenzen der literarischen Gattungen. Denn man bedenke, wie sehr es unsere Gewohnheit ist, drei Grundformen der Darstellung mit drei unterschiedlichen literarischen Gattungen verbunden zu denken. Traditionellerweise heißt es doch, daß die Person des Poeten in der Lyrik sich ausspricht, während in der Epik der Poet in seinem eigenen Namen als Erzähler spricht, oder er läßt seine Personen direkt sprechen und erzählen. Im Drama soll der Poet hinter bzw. in seinem Stück verschwunden sein. Diese Auffassung und Einteilung soll nun bruchlos auf Platon und Aristoteles zurückzuführen sein. In dem Sinne spricht noch Goethe im *West-Östlichen Divan* 1819 von jenen Gattungen als ‚echten Naturformen'. Der Wortgebrauch ist lehrreich, denn hier ist ‚Natur' nun wirklich ‚zweite Natur', d. h. eine *episteme* des abendländischen Denkens. Die Zurückführung auf die Griechen ist derart normal und fraglos, daß sich in der Literatur der Gegenwart (Welleck u. Warren, W. Kayser, K. Hambur-

ger, N. Frye, H. Bloom, Ducrot u. Todorov, u. a.) kaum eine Ausnahme finden läßt.
Interessant für die Frage, wie überhaupt Musik und Wort bei den Griechen so eng zusammenhängen konnten, wenn zur gleichen Zeit so divergente Auffassungen von Darstellung in Musik und Sprache vorherrschten, ist die Arbeit von G. Genette: *Introduction à l'architexte* (1979). Seine These wäre (Genette, 76 ff.), daß es bei den Griechen nur ein einziges Prinzip für die schönen Künste gäbe, nämlich jenes der *imitatio* als Nachahmung der schönen Natur. Die Verschiedenheit der Darstellungsproblematik ist, so wäre dieser These hinzuzufügen, Folge einer epistemologischen Entwicklung. Sie habe die Darstellung in Rede und Diskurs auf eine instrumentalistische Sprachauffassung festgelegt – wie die als selbstverständlich anmutende Thematisierung von Husserls *Logischen Untersuchungen* nachweist. Sie hat zugleich die Darstellungsproblematik sprachtheoretisch thematisiert und infolgedessen im sprachphilosophischen Rahmen eingespannt, d. h. in die Thematik des Sprache-Welt-Verhältnisses hineingezwängt.
Diese These wäre nur in einer umfangreicheren Arbeit zu belegen. Interessant ist in unserem Zusammenhang, daß sie genau an die Beobachtung von Genette anschließt. Denn Genette situiert die Aufnahme der Darstellungsproblematik in die Sprachphilosophie als typisches Problem der Moderne. Die grundlegenden Gattungen Lyrik, Epik und Drama seien nun als romantische Zurückdeutung auf die Griechen hin zu verstehen, um die eigene Modernität zu verhüllen. Daraus zieht er eine Schlußfolgerung: „S'il faut (mais faut-il?) parler littéralement, la poétique n'a pas à ‚oublier' ses erreurs passées (ou présentes) mais, bien sûr, à les mieux connaître pour éviter d'y retomber. Dans la mesure où l'attribution à Platon et Aristote de la théorie

des ‚trois genres fondamentaux' est une erreur historique qui cautionne et valorise une confusion théorique, je pense évidemment qu'il lui faut à la fois s'en débarrasser et garder à l'esprit, pour leçon, ce (trop) significatif accident de parcours." (Genette, 76)

Interessant ist nun die Frage, *was* als Anfang der Modernität von den Romantikern verhüllt werden soll und warum sie dafür eine Geschichtskonstruktion benötigten, die vielmehr eine Destruktion zu sein scheint. Welches ist wohl der Preis, den die Romantiker als Moderne bezahlen mußten, um verstanden zu werden, welches ist vielmehr deren Geheimnis? Die Antwort ist ersichtlich aus der romantischen Literaturkritik (Szondi, 185 ff.): das Geheimnis ist, daß die einzelne Seele des Schriftstellers die Totalität der Welt widerspiegelt, ohne daß damit das Sprache-Welt-Verhältnis völlig erschöpft oder determiniert sei. Solches kommt erst später, nämlich in der Revolution der Sprache bei Baudelaire, Mallarmé und Lautréamont, in den Vordergrund (Kristeva 1974; Steiner 1968). Hauptmomente dieser Revolution sind in der Modernität der Romantik angelegt. Der Heimkehrer, Thema jener Literatur, soll im Diskurs seinen Platz wiederfinden, und zwar ganz abgesehen von den zufälligen Ereignissen des Alltags. So ist die Eigenständigkeit der Rede gegenüber jeder Abbildungstheorie von Sprache zu betonen. Das erfordert jedoch eine Reinterpretation des Mimetischen, die der ödipalen Wahrheit Rechnung trägt, daß das Subjekt *nicht* spricht, auch wenn es durch die Theorie der Rede und der Sprache in die Rolle der Subjektivität und des Sprechers hineingezwängt wird. Schließlich ist auch hier das Problem der Referenz zu erwähnen: die Auffassung der Arbeit der Referenz in ontologisch-deskriptivem Sinne wird aufgegeben und mit ihr die Praxis der Hypostasierung eines Draußen. Das läuft jedoch der heute gängigen

Sprachauffasssung zuwider. In ihr sieht es so aus, als ob das Ereignis der Darstellung im Diskurs notwendigerweise hypostasiert werden muß und als ob beide nur in diesem Prozeß der Hypostasierung miteinander zu versöhnen sind.

Diese Erwägung wird durch die Tatsache relativiert, daß Sprache als instrumentell verdinglichte Sprache *kein* Element des Poetischen ist. Die *Poiesis* verlangt Aufhebung der Dominanz der Präsenz, nicht ihre ontologisch-hypostasierende Allgegenwart. Das gehört zu den Erfahrungen des Dichters, und eben diese Erfahrung ist mit dem Schweigen als Moment jener Aufhebung eng verbunden (Steiner 1967). Andererseits erfährt gerade der Philosoph, daß Rede als Sprachereignis mitsamt ihrer Darstellungsproblematik von der gängigen instrumentalisierenden Sprachauffassung nicht erfaßt werden kann und daß die philosophische Konzeptualisierung in diesem Licht eher durch die Notwendigkeit einer Abhebung von der selbstverständlichen Dominanz der Präsenz gekennzeichnet wäre.

Gibt es eine ‚reine' Darstellung oder eine ‚reine' Selbstdarstellung (Gadamer 1960, 100), die demnach auch von der referentiellen Sprachstruktur und der Präsenz losgelöst wäre? Die Beobachtung, daß Darstellung an den Kanon der Sprache gebunden bleibt, wäre mit dieser Auffassung nicht zu vereinbaren. Reine Darstellung wäre, wie Derrida formuliert, zugleich unverstellter Zugang zur Natur. Mimesis ist für Derrida nämlich – und nicht nur für ihn – „la représentation de la chose même, de la nature, de la *physis* qui se produit...", oder aber „un rapport d'*homoiosis* ou d'*adaequatio*" (Derrida 1972, 219). Gäbe es diesen Rapport oder diese Repräsentation, so wäre die Sprache an einen fundamentalen Abbildcharakter gekettet, sie wäre nämlich als Darstellung zugleich Repräsentation der *phy-*

sis. Und so gäbe es immer eine Natur als Vor-Sinn vor der Kultur. Diese Sachlage ist philosophisch nicht haltbar. Darum ist der Ansatz zu einer dialektischen Position interessant. Diese ist in einzigartiger Weise durch Walter Benjamin formuliert worden, in der *Erkenntniskritischen Vorrede* zu dem Buch: *Ursprung des deutschen Trauerspiels* (Benjamin I/1, 207–238). Diese dialektisch-phänomenologische Position läuft darauf hinaus, daß die Welt der Begrifflichkeit auf die Idee angelegt sei. Begriffe haben ihr Vor-Bild nicht in der *physis,* sondern sie suchen ihr Vor-Bild in der Idee. Auf der Suche nach ihrem Vor-Bild übersteigen unsere Begriffe also die absolute Notwendigkeit der Referenz. Denn Referenz mit diesem Vor-Bild-Charakter bringt eine grundsätzlich andere Darstellungsmodalität mit sich. Sie ist vielmehr als eine Hermeneutik zu betrachten, die Geschichtlichkeit als Verstehen so in sich aufnimmt, daß sie die Allgegenwärtigkeit der Präsenz zurückdrängt.

Auch die humane Rede ist in diesem Sinne an ein Vor-Bild gebunden. Dabei handelt es sich nicht um den Ursprung der Sprache oder wenigstens nicht um einen Ursprungsbegriff, der als kausallogischer Anfangspunkt funktioniert. Im Gegenteil: „Das Echte", so heißt es in der Vorrede, „jenes Ursprungssiegel in den Phänomenen – ist Gegenstand der Entdeckung, einer Entdeckung, die in einzigartiger Weise sich mit dem Wiedererkennen verbindet... Zwischen dem Verhältnis des Einzelnen zur Idee und zum Begriff findet keine Analogie statt: hier fällt es unter den Begriff und bleibt was es war – Einzelheit; dort steht es in der Idee und wird was es nicht war – Totalität." Damit ist auch das Verhältnis zu der Interpretation von Darstellung als Repräsentation von Natur in Begrifflichkeit geklärt. Dann ist nämlich „die Präsenz der uneigentlichen, nämlich naturhistorischen Vor- sowie Nachgeschichte virtuell. Sie ist nicht mehr pragmatisch wirklich, sondern als die natürliche Historie am vollendeten und zur Ruhe gekommenen Status, der Wesenheit, abzulesen. Damit bestimmt die Tendenz aller philosophischen Begriffsbildung sich neu in dem alten Sinn: das Werden der Phänomene festzustellen in ihrem Sein." (Benjamin I/1, 226) Auch Ursprung betrifft, wie Benjamin ausführt, dieses Werden, betrifft die Vor- und Nachgeschichte des Tatsächlichen. „Die Richtlinien der philosophischen Betrachtung sind in der Dialektik, die dem Ursprung beiwohnt, aufgezeichnet." (ebd. 226f.) Hermeneutik ist in diesem Licht als das Ablesen des zur Ruhe gekommenen, das Verstehen jenes dem Ursprung Beiwohnenden und somit als ein Lesen des nie Geschriebenen zu verstehen. Die Phänomenalität der Rede ist demnach an einen Vor-Bild-Charakter gebunden, der in der sprachtheoretischen Sprecher-Hörer-Modellierung und ihren Varianten nicht zu finden ist. Rede ist daher nicht als unmittelbare Semantisierung zu fassen, sondern als ein Sprachereignis, welches eher auf *Wiederherstellung einer mißlungenen Bedeutungsverleihung* aus ist. Die unmittelbare Semantisierung ist nicht mehr nachzuvollziehen. Von der absoluten Unmöglichkeit eines solchen Vollzugs berichtet die Geschichte des Sündenfalls. Seitdem können wir nicht mehr in adamitischer Weise zu unmittelbaren Bedeutungsverleihungen und Namengebungen kommen. Darum sind wir auf die Kategorie der Bedeutung angewiesen: nicht als Mittel, sondern gewissermaßen als Hilfsmittel.

„Das adamitische Namengeben ist so weit entfernt Spiel und Willkür zu sein, daß vielmehr gerade in ihm der paradiesische Stand sich als solcher bestätigt, der mit der mitteilenden Bedeutung der Worte noch nicht zu ringen hatte." (ebd. 216f.) So steht das Wort der Wissenschaft im Zeichen der Erneuerung. Hat es diesen Vorgang der

Erneuerung vergessen? Das wäre keine Seinsvergessenheit, sondern vielmehr (unter Aufhebung der Präsenz gesagt) Ursprungsvergessenheit. „... So ist die Philosophie im Verlauf ihrer Geschichte... mit Grund ein Kampf um die Darstellung von einigen wenigen, immer wieder denselben Worten – von Ideen." (ebd. 271)

Erst durch eine derartige Einsicht wird uns klar, wie wir der Gefahr ausgesetzt sind, Sprache als instrumentalisierende Objektivität dem Bereich des *Poietischen* zuzurechnen. *Poiesis* als Diskurs, als Rede, ist ihrerseits kaum als Objekt unserer geläufigen Sprachphilosophie zu betrachten. Darin erblickt man vielleicht den dialektischen Charakter von Darstellung im Diskurs. Die menschliche Rede enthält mit jedem ausgesprochenen Wort einen Hinweis auf diese Tatsache. Historische und metaphysische Schemata sind, trotz ihrer immanenten Begriffsbildung, dem Menschen keine bleibenden Stätten. Das ist kein Kulturrelativismus oder gar Kulturpessimismus. Sprachkritik richtet sich nicht auf die geläufigen Bedeutungen. Sie bildet den Versuch, das Mimetische zu retten, welches sich innerhalb der Geschichte durch Zutun der menschlichen Rede entfaltet.

Literaturverzeichnis

Benjamin, Walter: Ursprung des deutschen Trauerspiels. Gesammelte Schriften Bd. I, Frankfurt a. M. 1974.

Broekman, Jan M.: Sprechakt und Intersubjektivität, in: Waldenfels u. a. (Hrsg.): Phänomenologie und Marxismus Bd. 3, Frankfurt a. M. 1978, 66–115.

Derrida, Jacques: Die Stimme und das Phänomen (frz. Paris 1967), Frankfurt a. M. 1979.

–: La Dissémination, Paris 1972.

Gadamer, Hans-Georg: Wahrheit und Methode, Tübingen 1960.
–: Die Idee des Guten zwischen Platon und Aristoteles, Heidelberg 1978.
Genette, G.: Introduction à l'architexte, Paris 1979.
Kristeva, J.: La révolution du langage poétique, Paris 1974.
Lévi-Strauss, Claude: Le cru et le cuit, Mythologiques I, Paris 1964.
–: L'homme nu, Mythologiques IV, Paris 1971.
Nietzsche, Friedrich: Die Geburt der Tragödie (1872), in: Werke (hrsg. von Schlechta) Bd. I, 7–135.
Rosenzweig, Franz: Der Stern der Erlösung, Heidelberg ^{3}1954.
Steiner, G.: Language and Silence, London 1967.
–: Extraterritorial. Papers on Literature and the Language of Revolution, London 1968.
Szondi, Peter: Poetik und Geschichtsphilosophie II: Von der normativen zur spekulativen Gattungspoetik, Frankfurt a. M. 1975.
Vernant, J. P.: Religions, Histoires, Raisons, Paris 1979.

Phänomenologische Notizen zum Unterschied zwischen Literatur und Philosophie

Von Adriaan Peperzak, Nijmegen

In der Nachkriegszeit, als die von Jaspers, Heidegger, Marcel und Sartre geübten Arten existenzieller und existenzialer Phänomenologie „auf dem Kontinent" Triumphe feierten, wurde ihnen von den angelsächsischen Empiristen und Sprachanalytikern vorgeworfen, daß sie keine Philosophie, sondern Literatur betrieben. Ihre metaphysischen Journale wären ebenso unwissenschaftlich wie die Tendenz-Romane und -Theaterstücke. Die konkreten Beschreibungen, durch die Deutsche und Franzosen die Existenz zu erhellen versuchten, wurden verschrien als subjektivistische Bekenntnisliteratur oder schlechte Poesie.
Die Hauptströmungen der kontinentalen Philosophie haben sich inzwischen vom Existenzialismus abgewendet und die Phänomenologie hat sich hauptsächlich in zwei Richtungen weiter entwickelt. Auf der einen Seite sucht sie, zumal in der Bundesrepublik, eine neue Verbindung mit den logischen und wissenschaftstheoretischen Strömungen, die von Wien her über England und die Vereinigten Staaten wieder zum alten Kontinent zurückfließen. Auf der anderen Seite transformiert sie sich, vor allem in ihrer Pariser Gestalt, in eine, durch den späten Heidegger inspirierte, Kritik der Grundlagen des griechisch-westlichen Denkens, Sprechens und Schreibens. In der letzten Gestalt begibt sich die auch sich selbst in Frage stellende Philosophie in die Nähe der Literatur und scheint sich kaum zu unterscheiden von der literarischen Prosa derje-

nigen, die, wie Mallarmé und Blanchot, das Wesen, die Schwierigkeit und die Unmöglichkeit des „Buches" thematisieren. Die engste Nähe zur Literatur gilt für diese zweite Art Philosophie nicht als ein Vorwurf, sondern als eine Notwendigkeit: beide, Philosophie und Literatur, sind intim verwandte Modulationen der Sprache, die uns trägt: Spiele, Ringkämpfe, strategische Zerstörungen oder neue Möglichkeiten vorbereitende Zerrüttungen.

Dieser Beitrag ist ein Versuch, die Verwandtschaft und den unaufhebbaren Unterschied zwischen Philosophie und Literatur herauszustellen. Die Perspektive und das Interesse, die mich dabei leiten, sind philosophisch, d. h. es geht mir primär darum, die Philosophie, die noch immer einen Platz zwischen den Wissenschaften und der Dichtung behauptet, als eine nicht nur literarische Tätigkeit zu verstehen.

„Die Literatur" umfaßt aber sehr viele Arten und bildet vielleicht eher eine Familie als einen Gattungsbegriff. Eine Vergleichung der philosophischen Produktionen mit dem Epos, der Lyrik und dem Drama hat ihren guten Sinn, u. a. weil manches, vielleicht jedes philosophische Werk dramatische, lyrische und epische Momente enthält, aber diese literarischen Gattungen, die Poesie vielleicht ausgenommen, scheinen zu weit vom philosophischen Denken entfernt zu sein, um mittels einer Beschreibung ihrer Verschiedenheit von der Philosophie das Charakteristische des Philosophierens zu entdecken. Zu dem Zweck scheint eine andere literarische Gattung sich viel besser zu eignen: der Essay. Auf den ersten Blick unterscheidet sich die beschauliche Prosa, so wie sie z. B. von Goethe, Thomas Mann, Benn, Valéry oder Blanchot geschrieben wird, vielleicht nur wenig von bestimmten philosophischen Meditationen. Gerade darum aber ist eine Beschreibung dieser literarischen Art vielleicht fruchtbar, um die enge, aber tiefe Kluft zwischen Literatur und Philosophie aufzudecken. Obwohl ich bei den folgenden Bemerkungen auch die anderen literarischen Formen vor Augen habe, orientiere ich mich also hauptsächlich an dem beschaulichen Essay.

I.

Der erste, klassische Unterschied zwischen Philosophie und Literatur dürfte der sein, daß Philosophie Wahrheit intendiert, während die Literatur auf Schönheit zielt. Das literarische Kunstwerk ist ein Schönes, das in seiner Schönheit den genügenden Grund seines Bestehens hat; es wird bewundert und genossen, insofern es an sich selbst bedeutend ist; seine Bedeutung liegt nicht in etwas anderem, auf das es über sich hinausweist, sondern in ihm selbst.
Die trivialste Bedeutung von „literarischer Schönheit" besteht wohl darin, daß der Schriftsteller den Inhalt dessen, was er sagt, durch künstliche Mittel verschönere. Das Schöne wäre dann zu einer relativ unwichtigen, aber angenehmen Eigenschaft eines Textes herabgesetzt. In diesem Sinn kann jedes Sprachwerk, eine Predigt und eine philosophische Vorlesung ebensogut wie ein Lied schön sein, aber ihr Inhalt, das Eigentliche oder das Wesentliche ihres Sagens, könnte auch ohne jene Verschönerung, in einer unbeholfenen oder häßlichen Rede gesagt werden.
Kein heutiger Schriftsteller würde sich mit einer solchen dekorativen Bedeutung der literarischen Schönheit zufrieden geben. Die meisten würden die Qualifizierung durch Schönheit überhaupt ablehnen. Die Dramen Shakespeares und der Bennsche „Roman des Phänotyps" sind nicht schön, sondern sie stellen ein Wesentliches dar. Das tut

aber auch die Pongesche Beschreibung einer Schale gebackener Fische („plat de poissons frits") oder von Pferdeäpfeln („le crottin"). Nicht nur Schönes, sondern auch Häßliches und Widerliches kann den Stoff für ein Gedicht hergeben. Etwas Wesentliches muß aber darin zum Vorschein kommen.
Was heißt aber „wesentlich"? Und wie stellt ein literarisches Werk etwas Wesentliches dar? Es werden nicht nur Dinge, Verhältnisse, Ereignisse erzählt, aufgeführt oder besungen, sondern darin und dadurch wird dem Leser eine Weltsicht oder ein Lebensbild vorgestellt und angeboten, deren Bedeutung ihn fesseln kann, ohne daß er darum schon klar wüßte, was diese Sicht oder dieses Bild des Lebens exakt bedeute. Im Kunstwerk wird etwas Wesentliches solcherweise präsent, daß es den Leser trifft und fesselt, ohne daß er sich dadurch gefangen fühlt. Etwas wird offenbar, das sich nicht greifen und mitnehmen läßt. Der Leser hat es und hat es nicht; das was sich zeigt, muß immer noch entdeckt werden, aber nicht hinter oder unter den Worten, aus denen das Werk besteht, sondern nirgendwo anders als nur innerhalb der Umgrenzung des Textes.
Der Schriftsteller fügt die Worte so, daß ihr Gewebe etwas Wichtiges zeigt; er beweist nichts und ist nicht primär ein Rhetor, der seine Zuhörer überzeugen will. Wenn er zum Argumentieren übergeht, verliert seine Darstellung ihre suggestive oder bezaubernde Kraft. Das argumentative Verfahren zerstört die literarische Wirkung, außer in dem Falle, worin der Schriftsteller es in souveräner Beherrschung als ein Material oder Spiel seiner ästhetischen Absicht unterordnet. Das erklärt auch, warum Tendenzstücke und didaktische Poesie so uninteressant sind: die ganze Darstellung geht dabei in Illustrationen und dekorative Elemente auf. Das Wesentliche aber könnte auch auf

eine nicht literarische Weise gesagt und bewiesen werden; die literarische Fassung ist dann nur eine schöne Verpakkung, die man angenehm finden kann, die man aber nicht braucht, um das eigentlich Gesagte zu erfahren. Beim gelungenen literarischen Werk ist es nicht möglich, das Wesentliche aus dem Text herauszuschälen, um es „mit anderen Worten" zu sagen. Obwohl die Kunde augenscheinlich ist, läßt sie sich dennoch nicht unzweideutig definieren. Die einzige „Definition", die exakt zum eigentlichen „Inhalt" paßt, ist gerade dieser eine Text, dessen Bedeutung immer wieder und unaufhörlich von den Lesern hingenommen, „genossen", entdeckt, offengehalten, vertieft und ausgekostet werden muß, ohne daß sie je erschöpft werden könnte. Das gelungene Werk will ohne Kommentar „genossen" sein, aber weil es zugleich enthüllt und verhüllt oder gibt und zurückhält, löst es Kommentare aus. Das Interessante, Bewundernswerte, Sublime oder Rührende, das es darstellt, kann nicht anders formuliert werden. Das Werk ist keine Illustration oder Anwendung etwas sonst auch Faßbaren. Der Leser wird zur wiederholten Lektüre aufgefordert, weil er es niemals erschöpfen, sondern sich darin, ebenso wie in einer musikalischen Komposition, jedesmal neu vertiefen kann. Es ist unmöglich, jedesmal sich in wiederholtem Lesen allmählich das Ganze des Werkes so zuzueignen, daß man den Text nicht mehr braucht, weil man ihn jetzt voll verarbeitet hätte. Der Text bleibt neu und gibt sein Geheimnis, indem er es zu genießen gibt, niemals preis. Der Text bietet sich an als eine bestimmte Möglichkeit, die Welt, das Leben, eine Situation oder dieses Ding hier zu sehen, zu verstehen oder zu erleben, aber der Leser bleibt frei. Indem er auf den Text eingeht, nimmt er an einem eigenständigen Geschehen teil, das sich abspielt in einer Zeit, die sich durch eine Art Epochè von der kontinuierli-

chen Zeit des Alltags abhebt. Die wirkliche Teilnahme an einer „fiktiven" Geschichte ist das Erleben eines Sinnes, der keineswegs eingebildet ist, sondern sich unmittelbar, obwohl in rätselhafter Weise, auf das konkrete Leben in der nicht fiktiven Welt bezieht. Die Partizipation an der „mimetischen" Geschichte ist eine der möglichen Weisen, den Sinn des Lebens und der Welt zu erfahren.
In Macbeth sehen wir diesen sehr konkreten und einmaligen Usurpator, Mörder, Ehemann und Sünder, der in diesen Umständen über diese und jene Mitmenschen Elend bringt und vor Schuld vergeht. Kommentierend können wir sagen, daß dieses Drama die Despotien und Gewalttaten der menschlichen Geschichte symbolisiert, aber Macbeth ist keine Allegorie, durch die ein Wissender einer allgemeinen These Anerkennung verschaffen will. Dasselbe gilt auch für poetische Beschreibungen und Romane, selbst wenn sie – wie die „metaphysische Poesie" – die Vergänglichkeit alles Menschlichen, die Zeit, die Götter oder die Leere zum ausdrücklichen Thema ihres Sagens machen. Die Poesie beabsichtigt nicht, den Leser von einer Idee oder Weltanschauung zu überzeugen, sondern sie lädt ihn ein, durch sympathisches, aber unengagiertes und unpraktisches Mitfühlen, Mitbilden und Mitdenken an ihrer Weltbildung und -deutung teilzunehmen. Man braucht den Glauben an die griechischen Mythen nicht zu haben, um ästhetischerweise an den Tragödien von Sophokles teilzunehmen, und auch ohne den mittelalterlichen Glauben kann man eindrucksvolle, „so gut wie echte" Marienlieder schreiben.
Die *rhetorische* Rede dagegen scheint die Zuhörer überzeugen zu wollen. Insofern ihr Zweck aber gerade die Erweckung eines Glaubens ist, hat sie wenig mit Kunst, sondern mehr mit Technik, Macht und Strategie zu tun. Als Mittel für ein praktisches Anliegen ist die Rhetorik

gerade keine Kunst. Wenn wir aber von ihrer Effektivität in Hinsicht auf Affekte und Gedanken absehen, was bleibt dann übrig außer der schönen Disposition der Redeteile, dem künstlichen Gewebe, den geistvollen Anspielungen, den witzigen Bemerkungen und anderen angenehmen Figuren? Eigentliche Dichtung will zugleich mehr und weniger: sie stellt eine Welt des Lebens in ihrer „Wahrheit" dar.

Das Wort „Wahrheit" deutet in diesem Kontext nicht auf ein Sagen, das dogmatisch feststellen will, wie die Sachen sich nun eigentlich verhalten, sondern auf ein Sehen-, Fühlen-, Denken-lassen, das auf eine zurückhaltende Weise und ohne jeden Zwang offenlegt. Das sprachliche Werk fungiert nicht als ein Instrument für etwas anderes. Man kann, muß aber nicht, den Gang seiner Worte mitmachen; tut man es, dann spielt dieses Mitmachen sich vollständig innerhalb der Grenzen dieses Ganges ab. Darum kann man die Lektüre mit einem Spiel vergleichen. Das „Fiktive", das viele für das Charakteristische der Literatur halten, aber vielleicht nicht immer richtig deuten, hängt damit zusammen, daß das literarische Werk ein ποιητικόν (ein „Poem") ist, das seinen Sinn in sich selbst, d. h. in der (wiederholbaren und jedes Mal Zeit brauchenden) Lektüre hat und nicht über sich selbst auf einen anderen Text hinaus verweist. Ein literarisches Werk ist keine Vorübung oder Vorstufe für einen anderen Text. Die früheren Stufen eines Werkes sind nur für eine genetische Betrachtung des endgültigen Werks und für einen Kommentar des letzteren interessant. Wenn eine frühere Fassung an und für sich interessant ist, ist sie insofern keine Vorstufe, sondern ein Ende, das in sich ruhen kann. Das Wesen eines „Poems" enthält seine Selbständigkeit sowohl anderen Werken als auch dem Verfasser gegenüber, der es geschaffen hat. Sobald es entstanden ist, lebt

das literarische Werk sein eigenes, vom Verfasser unabhängiges Leben. Es gibt Zeugnis von sich selbst und will als solches aufgenommen sein. Seinen Sinn entlehnt es weder einem praktischen Interesse – es ist also wesentlich unengagiert – noch einem theoretischen Interesse, das darin bestünde, das schon Geschriebene hinter sich zu lassen, um eine bessere „Wahrheit" zu entdecken. Die Kontemplation, die dem literarischen ποιητικόν erlaubt sich selbst zu geben, so wie es ist, ist weder eine praktische noch eine theoretische Einstellung, sondern ein ästhetisches Spiel. Daß dieses Spiel nicht notwendig leichtsinnig ist, sondern auch sehr seriös und selbst tragisch sein kann, hat seinen Grund darin, daß es sich nicht eine bloß fiktive Welt erträumt, sondern als Ganzes sich auf die einzig wirkliche und gegenwärtige Welt bezieht, die es zu seiner Einbildungswelt transformiert hat. Es gibt zwar keine punktuelle Referenz zwischen den evozierten und den realen Menschen, Dingen und Ereignissen, aber das in sich geschlossene Ganze des literarischen Textes ist als solches ein Symbol, das unser Leben in der Welt (be)deutet. Die Irrealität, die dem literarischen Werke eignet, beschützt es gegen das Engagement der utilitären und moralischen Praxis und gegen das Über-sich-hinausweisen einer theoretischen Abhandlung. Die Geschlossenheit des literarischen Textes ist die Bedingung für die Möglichkeit, daß der Leser sich innerhalb seiner Vollendung aufhält, ohne das Bedürfnis zu empfinden, über ihn hinauszugehen.
Der *Essay* aber scheint sich der gegebenen Charakteristik zu entziehen, zumal wenn der Verfasser sich in philosophischen oder halbphilosophischen Analysen und Argumentationen ergeht. Ehe wir aber den Unterschied zwischen dem literarischen Essay und der philosophischen Prosa näher bestimmen, müssen wir zuerst die Eigenart des Philosophierens genauer bestimmen.

II.

Wenn man die Philosophie, im Gegensatz zur Literatur, definiert als eine sprachliche Leistung, in der es um die Wahrheit geht, dann scheint die von uns gestellte Frage sich zu verwandeln in die Frage, wie (philosophische) Wahrheit und (literarische) „Wahrheit" sich zueinander verhalten. Die Struktur des zurückhaltend-offenbarenden Sagens, die der Dichtung eignet, scheint verschieden von der Struktur des wahrheitssuchenden Sagens, das unter dem Namen Philosophie bekannt ist. Auch in philosophischen Texten wird das Wesentliche ans Licht gebracht. Das Aufweisen und Entbergen des Wesentlichen kontinuiert die Philosophie als Suche, deren ganzer Sinn ins Streben nach einem Resultat aufgeht; die klare Erkenntnis der Wahrheit der Gegenstände; eine vollständige Übersicht über das Ganze und die Teile der Welt und des Lebens, die tiefste Einsicht in ihren inneren Aufbau und die Durchsicht, die auch ihr Warum begreift. Diese Wahrheit besteht für die klassische Philosophie des Westens nicht in einem oder mehreren Texten, sondern im synthetischen Wissen, was zugleich panoramaartiger Gesamtblick und mikroskopischer Durchblick ist. Es kommt zum Wort in dem allumfassenden Logos, der alle anderen Worte erübrigt. Eine solche Rede ist aber nicht möglich; der begreifende Logos ist denn auch ein tiefstes Schweigen. Die Sprache fungiert nur als vorläufiger Ausdruck und Hilfsmittel für die Bewegung, durch die das Denken zur vollen Wahrheit gelangt. Ein unvollkommenes Hilfsmittel und ein Ausdruck, der das Denken von sich selbst entfremdet, weil die Sprache an sich selbst zu undurchsichtig und zu wenig geistig ist. Philosophische Texte dokumentieren Gedanken, die noch nicht ans Ziel gelangt sind; sie sind die vorläufigen Formeln für die Vorstufen des Denkens auf seiner Suche nach der einzig echten und eigentlichen Wahrheit der Wirklichkeit. Auch wenn die Gegenstände des Denkens selbst sprachliche oder zeitliche Gebilde sind, versucht der Denker sie in einer Synthesis zusammenzufassen, die – als Gedanke – keine Zeit mehr braucht. Die Zeit, welche das Denken braucht, um seine Analysen und Beweise zu entfalten, wird ebenso von ihm gesammelt, indem das diskursive Vorgehen darauf gerichtet ist, das Wesentliche der in aufeinanderfolgenden Zeitstufen sich entfaltenden Wahrheitsmomente festzuhalten und im endgültigen Resultat, in dem es auch selbst zugrunde geht, zusammenzufassen. Alle Sprachwerke, die der Philosoph hervorbringt, sind nur Stützen für seine Erinnerung. Jedes bezeugt eine bestimmte Etappe des Wegs, den er gehen muß. Die ganze Wahrheit wird nur progressiv gewonnen, indem er sich das auf jeder Etappe Entdeckte zueignet und es ohne jeden Verlust zur folgenden Etappe mitnimmt, um es in einer höheren, vollständigeren und gründlicheren, Wahrheit zu integrieren. Die echte und eigentliche Wahrheit kommt erst dann ans Licht, wenn das Endziel – der einzige, alles begreifende Begriff – da ist. Nur in der angestrebten Gegenwart einer immer zukünftig bleibenden Zukunft, wenn alle Texte der Vorläufigkeit überholt sein werden, besteht das, worum es dem Philosophen geht. Der adäquate Begriff ist das Ende der Zeit, ein Genuß der Wahrheit sub specie aeternitatis. Das ist ein zu hohes Ideal, so daß der Philosoph sich mit einer Annäherung zufriedengeben muß. Die Texte, in denen die Philosophie sich ausspricht, haben darum die Bedeutung einer Dokumentation des abgelegten, aber unvollständigen Weges; sie sind Wegmarken einer nie endenden Reise. Man kann bei diesen Texten verweilen, aber nur um sie, nachdem man sie verstanden oder abermals durchdacht hat, hinter sich zu lassen. Das Unaufgehellte in ihnen muß man als Mangel anzeigen, ihre partielle Wahrheit fordert vom Leser, daß er weiter geht – er weiß aber noch nicht einmal, inwiefern sie echt wahr sind und was ihre Funktion innerhalb der endgültigen Wahrheit ist.

Die klassische Auffassung und Übung der Philosophie läuft unvermeidlich auf die Idee eines unendlichen, sprach- und zeitlosen Begriffs hinaus. Das Ideal des Denkens ist die immer zukünftige und überzeitliche Präsenz, in der die Äußerlichkeit vollkommen verinnerlicht ist. Das Soliloquium der denkenden Seele mündet idealiter ins ekstatische Schweigen des absoluten Selbstgenusses. Die philosophische Praxis, an der wir uns im Lichte jenes nie erreichten Ideals betätigen müssen, ist aber ein endloser Kampf, der bei keiner einzigen „Wahrheit" stehen bleiben kann, weil jede „Wahrheit" nur eine Vorläufigkeit oder ein Vorschein, und insofern nur eine mehr oder weniger tiefe *Doxa* ist. Die Leidenschaft und das Engagement, welche die Philosophie beherrschen, trennen sie sowohl vom ästhetischen Verweilen beim schon Gesagten oder Geschriebenen, als auch vom poëtischen Schaffen, das sich von seinen Werken löst, sobald es sie als vollendete Monumente ins Dasein gestellt hat.

Die skizzierte Auffassung von der Philosophie kontrastiert sie mit der Literatur, insofern das philosophische Denken sein Ziel keineswegs in Texte setzt, sondern alle sprachlichen Leistungen von vornherein zu Hilfsmitteln ihrer Himmelsleiter degradiert. Die klassische Philosophie sieht den Diskurs als argumentativen Vorgang, dessen ganze Bedeutung in der begrifflichen Transformation anfänglicher Meinungen und in der progressiven Aufhebung vorläufiger Thesen zum Niveau des triumphierenden Schauens besteht. Das Wesentliche wird angestrebt mittels eines gründenden und ergründenden Denkens, das sich allmählich mit sich selbst zusammenschließt. Die

Sprache fungiert nur als Vermittlung zwischen einer ersten, unmittelbaren und vorsprachlichen Evidenz und der letzten, meta- und übersprachlichen Einsicht, die weder Zeit noch Worte braucht und durch sie nur verunreinigt würde.
Gegen die transzendierende Tendenz der im Begriff gipfelnden Philosophie hat die Phänomenologie die sprachliche Unmittelbarkeit, der auch das Denken niemals entkommen kann, rehabilitiert. Die Hinwendung zur vorsprachlichen Evidenz der leibhaftigen Gegenwart gilt heute als eine Naivität, obwohl man doch wohl annehmen muß, daß sie wenigstens ein *Moment* alles Denkens und Sprechens ist. Denn wie sehr die Sprache auch auf Gesprochenem oder Geschriebenem fußt, letzten Endes muß sie sich dennoch auf ein nicht-sprachliches Moment beziehen, weil sie sonst in einen unendlichen Regressus verfiele und gar nichts bedeuten würde. Dieses Moment muß – wenigstens für die Teilnehmer an einer und derselben Sprachgemeinschaft – auch eine gewisse Evidenz haben, weil ihre Kommunikation durch Sprache sonst unmöglich wäre. Man muß aber zugeben, daß jedes Aufweisen ursprünglicher Evidenz und jeder Hinweis auf vorsprachliche Elemente von vornherein durch sprachliche Geschichten, Traditionen, Gewohnheiten und Strukturen kanalisiert und präformiert sind.
Eine rein deskriptive Phänomenologie oder „Phänomenographie" würde versuchen, die Wirklichkeit, die sich der Wahrnehmung eines zwar nicht unbeteiligten und voraussetzungslosen, jedoch offenen Zuschauers darbietet, genau zu versprachlichen. Ihr Ziel wäre eine exakt getroffene Darstellung dessen, was auch ein anderer wahrnehmen kann und muß, *wenn* er die gleichen Perspektiven wie der Beschreiber einnimmt. Der heutige Phänomenologe ist nicht mehr so naiv, zu glauben, daß die Perspektive,

von der seine Beschreibung ausgeht, die einzig mögliche oder die beste ist. Die phänomenographische Perspektivität, durch die sich die Basis jeder Philosophie auszeichnet, macht jede Beschreibung des anfänglich Wahrgenommenen aber zu einem Clair-obscur, in dem einiges enthüllt wird, während anderes verborgen bleibt oder gerade verdeckt wird. Inwiefern ist dieses Offenbaren, das zugleich verhüllt, verschieden von der „Wahrheit" einer literarischen Beschreibung? Die Antwort scheint, daß der literarische Schriftsteller nichts anderes sucht als das in sich beschlossene und vollendete Spiel der Darstellung selbst und eine Möglichkeit, innerhalb der Umgrenzung seines Sprachganzen bei der ins Licht (und Dunkel) gerückten Sache bewundernd, erfreut oder schaudernd zu verweilen, während der Phänomenologe seine Beschreibung nur als einen Anfang versteht, von dem aus er die innere Struktur des Beschriebenen und seine Beziehungen zu anderen Sachen zu verstehen sucht. Philosophische Phänomenologie transzendiert ihren phänomenographischen Anfang, weil sie – auch in ihrer nach-klassischen Gestalt – der Intention des Wahrheitssuchens folgt. Die literarische Beschreibung „rühmt" das Rose-sein der Rose und genießt die Offenbarheit oder „Wahrheit" des im Sagen Erscheinenden. Die Lektüre einer Dichtung ist ein „Genießen", in dem die Darstellung und das Dargestellte völlig identisch sind und keinen Unterschied zwischen Inhalt und Form gestatten. Die Philosophie stellt aber zu jedem ihrer Texte die Frage: Was bedeutet das bisher Gesagte denn eigentlich und wie verhält es sich zu den anderen Texten und zum noch nicht Gesagten? Auch wenn man das klassische Ideal der absoluten Transzendenz verwirft, bleibt das Philosophieren eine Unzufriedenheit mit dem Erreichten und wesentlich Kritik alles schon sprachlich Festgelegten. Auch die schon vollzoge-

nen Beschreibungen des Gegebenen läßt ein Philosoph notwendig hinter sich, nicht nur um sie zu überprüfen, sondern auch um sie zu ergründen, in Frage zu stellen und zu untergraben.
Macht sich aber die Verschiedenheit zwischen der philosophischen und der literarischen Intention in den Beschreibungen selbst merkbar, oder könnte ein Philosoph sich einfach auf literarische Darstellungen verlassen, ohne noch einmal selber genau zu sagen, was wahrzunehmen ist? Die Antwort scheint zweifach zu sein.
Einerseits kann und muß der Philosoph sich an den „wahren" Deskriptionen und Evokationen der Dichter und Romanschreiber orientieren, um die alltägliche Perspektive des common sense zu verschärfen, zu vertiefen, zu erweitern und zu vervollständigen. Die Dichter empfinden viel schärfer, und ihr Spürsinn erweckt viel mehr Gesichter der Dinge, als der utilitaristische Empirismus des Alltags gewöhnt ist zu sehen. Den Wissenschaften gegenüber sind die Beobachtungen und Darstellungen der großen Literatur – wie jeder Phänomenologe weiß – unvergleichlich viel präziser und fruchtbarer für ein Verständnis dessen, was wirklich ist.
Andererseits scheint es offenbar, daß das Ziel der Philosophie, die Wahrheit dessen, was wirklich ist, wie ein leitendes Licht schon in ihrem Anfang und während ihrer ganzen Arbeit wirksam ist. Die Bedeutung der phänomenologischen Beschreibung ist dadurch eine andere, und das wird sich auch in ihr zeigen. Wenn eine rein deskriptive Phänomenologie sich aber auf die adäquate Versprachlichung des Selbstgegebenen beschränkt, ohne jede weitere Frage zu stellen, verliert sie jede Transzendenz. Das Ziel des phänomenographischen Empirismus, der dadurch entsteht, scheint kein anderes zu sein als das der literarischen Darstellung des Seienden. Man kann sich dann nur

noch fragen, welche Beschreibungen am meisten gelungen sind, d. h. welche die beschriebenen Sachen am besten „offenbaren".

Die Vollendung, auf welche die klassische Philosophie hofft, ist wenigstens in einem Aspekt nicht weit vom Ideal der literarischen Darstellung entfernt. Beide wollen die Wirklichkeit zur unmittelbaren Schau bringen, so daß sie offen daliegt. Das philosophische Ideal der endgültigen Wahrheit, in der Form eines Zeit und Sprache überwindenden absoluten Begriffs, findet heute aber ebensowenig Glauben wie die Idee einer sprachlich unkontaminierten reinen Evidenz, mit der das Denken beginnen könnte. Die großen Texte der Philosophie sind vielmehr Experimente mit dem sprachlich und geschichtlich gebundenen Denken, durch die man Welten bildet und ausspricht, was man von schon vorgegebenen oder modifizierten Perspektiven aus sehen und verstehen kann. Die Systeme der Vergangenheit scheinen in der Sprache des Begriffs formulierte „Sagen", die uns Möglichkeiten bieten, die Welt und das Leben zu deuten, uns darin zu orientieren und sie zu erleben. Die Produktionen des Logos werden zur Kenntnis genommen als die großen Mythen des modernen Intellektuellen, der sie übrigens nicht praktiziert und kaum an sie glaubt. Sie bilden den Begriffshorizont, in dem wir sprechen und denken, aber wir mißtrauen ihnen. Das Studium des Stoffes, aus dem sie gewoben sind, und ihrer argumentativen Struktur kann uns fesseln, indem sie uns großartige, tragische oder friedliche Welten offenbaren, aber unser Verhältnis zu ihnen ist nicht mehr Anhänglichkeit oder Polemik, sondern eine teils sympathische, teils überlegene Distanz, in der wir sie als außerordentliche, jedoch vergangene Monumente der „Wahrheit" betrachten. Auch unter Phänomenologen ist es schwierig, vielleicht selbst unmöglich, die Naivität des guten alten Philo-

sophierens zurückzuerobern. Auch uns hält die metatheoretische Einstellung vom kreativen Glauben an bestimmte Formen der Unmittelbarkeit ab. Der Nihilismus unseres Alles-gesehen-habens äußert sich nicht bloß in unserem Unvermögen zum philosophischen Schaffen, sondern schon in der Weise, in der wir die philosophischen Texte unserer Geschichte rezipieren. Inwiefern behandeln wir sie anders als die Dokumente der schönen Literatur?
Wenn Jorge Guillén in seinem *Cantico* versucht, das Sein aller Dinge so „tastbar" wie möglich darzustellen, stellt er durch folgende Zeilen von Lope de Vega seinen eigenen Versuch der Philosophie gegenüber: „No es esto filosófica fatiga,/Trasmutación sutíl o alquímia vana/Sino esencia real que al tacto obliga." Die Art von Philosophie, auf die Guillén sich hier bezieht, wird auch vom Phänomenologen verworfen. Für das konkrete Denken hat die „Alchimie" der begrifflichen und argumentativen Transformationen, aus denen der philosophische Diskurs besteht, nur Sinn, insoweit sie in eine unmittelbare Gelichtetheit und Fassung einer konkreten Realität mündet. Die platonische Schau und die plotinische „Berührung" des Einen, worum es beim Denken letzten Endes und eigentlich geht, ist das tiefste Geheimnis jeder großen Philosophie. Die Technik des Beschreibens, Beweisens und Disponierens der großen Philosophien interessiert uns nur als Beiwerk und Anleitung beim Suchen nach ihrem geheimen, durch Analyse und Kommentar nur anzudeutenden Kern. – Wenn die Philosophien unserer Tradition für uns aber nur noch monumentale Darstellungen einer bestimmten Weltanschauung, einer intuitiven Gesamtschau oder „Wahrheit" sind, inwiefern unterscheiden sie sich dann von den epischen, poetischen oder dramatischen Sprachwerken, in denen unsere Welt aufgehellt und bedeutet wird?
Wenn die Philosophie sich auf die Rekonstruktion und die

Exegese vergangener Philosophien beschränkt und sich mit einer nachvollziehenden Hermeneutik identifiziert, läßt sich der Unterschied zwischen (philosophischer) Wahrheit und (literarischer) „Wahrheit" nicht mehr aufrechterhalten. Die Philosophie hat sich dann in einen metaphilosophischen Standpunkt aufgelöst, dessen theoretische Ausarbeitung die Eigenart und die Struktur der vielen Begriffswelten studiert, während er sich auf dem Niveau des Erlebens als unengagiertes, nicht-überzeugtes und unpraktisches Miterleben, -sehen und -denken ausdrückt. Die „Wahrheit" der Philosophie ist hiernach gegenwärtige Vergangenheit; sie wird nur *wahrgenommen*, weder legitimiert noch bekämpft. Gerichtshof, Kritik und Verantwortung gehören zur Geschichte. Dann geht es nur noch um die Frage, welche philosophischen Texte wir lesen wollen, weil sie eine mögliche Welt eindrucksvoll darstellen oder einfach weil die Lektüre uns gefällt. Der metaphilosophische Blick ist ästhetisch geworden. Nicht nur die Totalansicht, welche wir durch eingehende Untersuchungen vorbereiten können, sondern auch die technischen Details der systematischen Gebäude lassen sich ästhetisch genießen. Wie die Dialoge Platons können wir auch Spinozas Ethica und Wittgensteins Tractatus als Kunstwerke betrachten. Das setzt nur eine Änderung der Blickrichtung voraus. Für einen Leser, der die platonischen Dialoge als schöne Literatur liest, bekommt die philosophische Suche nach der Wahrheit eine andere Ansicht; das eigentlich Philosophische tritt in den Hintergrund oder erscheint als der Stoff, aus dem das literarische Gebilde sich spielerisch entfaltet.

Auch die poetische Darstellung einer Schnecke oder die epische Beschreibung einer grauenhaften Maschine kann sich philosophischer, wissenschaftlicher oder technischer Sprache bedienen, ohne sich dadurch in eine technische, wissenschaftliche oder philosophische Abhandlung zu verändern. Ebenso wie die metaphysische Poesie kann ein literarischer Essay mit philosophischen Elementen und Strategien spielen, um den Leser in die Doxa einer (auch gedanklichen) Welt oder „Wahrheit" einzuführen. Jedes sprachliche Material kann in literarische Werke aufgenommen und ästhetisiert, zum Element einer „Wahrheit" gemacht werden. Wenn die metaphilosophische Perspektive aber völlig in diese ästhetische aufgeht, ist die Philosophie als Suche nach der Wahrheit untergegangen. Dann scheint sich der Unterschied zwischen Philosophie und Literatur nicht mehr behaupten zu lassen. Höchstens könnte man dann noch sagen, daß die „philosophischen" Texte, durch ihren Jargon und die spezifische Art ihres begrifflichen und argumentativen Vorgehens, eine spezielle Unterart des literarischen Essays bilden.

III.

Jeder philosophische Text kann als ein ästhetisches Werk oder auch als ein reines Spiel betrachtet werden. Aber der philosophische Eros läßt sich nicht in reine Dichtung einfangen. Hinsichtlich der heutigen Konstellation, in der Denken und Dichten sich einander soweit genähert haben, daß ihre vorsokratische Einheit wiedergekehrt scheint, widersteht die philosophische Leidenschaft der Poetisierung, wenn man fragt, was sich denn in der „Wahrheit" beider ankündigt oder zeigt. Der Schritt zurück zum „Vorher" der Wahrheitsproduktion unserer Tradition, das hinterfragende Ausspähen nach dem Entspringen und Hervorgehen der philosophischen Sprache, verraten im Grunde denselben Sprung und dieselbe Transzendenz wie der Schritt hinaus, „dorthin", den Plato thematisiert hat und den er nicht anders denken konnte denn als die Auswirkung eines radikalen Verlangens, dem man nicht widerstehen kann, sondern folgen muß, indem es alles, was gesagt wird, unaufhaltsam in Frage stellt.

Ist aber das Verlangen nach der echten und vollen Wahrheit dem Dichter, dem Dramaturgen oder dem Romanschreiber unbekannt? Versucht nicht auch er, das letzte und eigentliche Geheimnis der Dinge, das wahrhaft Wahre, zu sagen? Ist das Ideal jeder Kunst nicht, die *echte* Wahrheit zur Anschauung zu bringen? Wenigstens gibt es Schriftsteller wie Dante, Goethe, Dostojewskij, Eliot, die sich durch einen radikalen Wahrheitseros leiten lassen. Besteht der Unterschied zwischen ihren Texten und den philosophischen nur in der *Weise* ihrer sprachlichen Darstellung? Sowohl der Dichter als auch der Philosoph weiß, daß die Texte, die er produziert, die volle Wahrheit niemals befassen können, aber beide werden die Wichtigkeit und die partielle Wahrheit ihrer Texte verteidigen. Mit Bezug auf ihre Werke haben beide das Bewußtsein, daß sie nicht ganz gesagt haben, was sie zu sagen hofften. Der Schriftsteller wird seine Distanz und teilweise Negation hinsichtlich seines Werks nur dadurch realisieren können, daß er durch seine Erläuterung oder unmittelbare Erklärung dessen Begrenztheit anzeigt. Das Gedicht ist dadurch aber nicht notwendig unvollkommen. Innerhalb der Grenzen der von ihm herausgestellten Welt kann es auf unvergleichliche Weise sagen, was in dieser Perspektive zu sagen ist, und ein sprachliches Denkmal „für immer" sein. Die positive Ergänzung, die der Wahrheitseros fordert, kann der Dichter nicht durch Verbesserung seiner Dichtung, sondern nur durch immer *neue* Sprachwerke realisieren, die innerhalb ihrer Grenzen jedesmal auf endliche Weise vollkommen sein können.

Ein Philosoph, der die Begrenztheit seiner Darstellung

anerkennt, wird nicht bloß sagen: „Dieser Text gibt nur eine beschränkte Sicht", sondern zugleich: „Diese Sicht ist nur teilweise und vorläufig. Sie muß kritisiert und transformiert werden im Fortgang eines Denkens, das nie mit seinen Aussagen zufrieden ist." Er wird versuchen, das von ihm Geschriebene aufs neue zu überdenken und einen besseren Text zu schreiben, durch den die Sache richtiger und klarer bestimmt wird. Wenn der Philosoph zweifelt oder entdeckt hat, daß die Sache, so wie er sie vorgestellt hat, nicht ganz stimmt, muß er seinen Text wenigstens kritisieren. Alles was er schreibt, wartet auf eine nähere Bestimmung durch Kritik, Negation oder Korrektion, die der Fortgang des Denkens produzieren muß. Das Ziel eines philosophischen Textes ist nicht, daß man unaufhörlich bei ihm verweilt, sondern daß man ihn so vollständig wie nur möglich assimiliert und durch bessere Texte fruchtbar macht. Darum ist es vielleicht auch nicht ganz ehrlich, wenn ein Philosoph Versuche, die er selber schon für zweifelhaft, anfechtbar oder überholt hält, dennoch publiziert oder neu auflegt. Er sollte wenigstens anzeigen, inwieweit das vorher Geschriebene noch oder nicht mehr gilt.

Daß die Hoffnung auf eine endgültige Transparenz heute eine Illusion zu sein scheint, will noch nicht sagen, daß die Philosophie mit dem Ideal des absoluten Begriffs auch ihren Unterschied von der Literatur verloren hat. Auch wenn das Denken wesentlich zerbröckelt, „zerstreut", „disseminiert" und „diasporisch" geworden ist, behält sie ein spezifisches Verhältnis zur Zeit und ein anderes Zeiterlebnis als die Literatur. Vielleicht ist die Philosophie keine kontinuierliche Reise mehr auf der Suche nach einem Unbekannten, das, so wie der Graal, durch seine ungewisse, aber sublime Qualität anzieht; aber sie bleibt ein Unternehmen, das alles Bekannte und schon Gesagte kritisiert, untergräbt und hinter sich läßt, weil es Echteres und Radikaleres begehrt. Während die Zeit der Dichtung ein wiederholtes und diskontinuierliches Verweilen bei in sich gerundeten Sprachgebilden ist (auch wenn sie als Fragmente beabsichtigt sind, haben sie diese Abrundung), vollzieht sich die Zeit des Philosophierens in einer unaufhaltsamen Suche, deren Resultate nur vorläufige, zum Weitergehen nötigende Etappen sind. Vielleicht kann man eine Art Meditieren oder Sinnen, das den philosophischen Fortgang mit zeitlich umgrenzten Wiederholungen von literarischen, philosophischen und mythischen Texten verbindet, gleichsam als eine Brücke zwischen Philosophie und Literatur ansehen.

IV.

Aus dem hier verteidigten Unterschied zwischen Philosophie und Literatur folgt eine wichtige Konsequenz hinsichtlich des Verhältnisses beider zum dialogischen Charakter der Sprache. Die These, für die ich, zum Schluß, eine rudimentäre Argumentation geben möchte, lautet: Obwohl Denken nur vom einzelnen für sich vollzogen werden kann, hat die Philosophie wesentlich eine dialogische Struktur; Literatur aber ist nicht dialogisch, obwohl sie wesentlich kommunikativ ist und den Leser oder Hörer zur aktiven Teilnahme an ihrem Geschehen auffordert. Als manifestierender Monolog ist sie eine einseitige Sprache, aber sie besteht nur für die anderen und entfaltet ihre „Wahrheit" in den Interpretationen, zu denen sie auffordert.

Die Argumentation könnte etwa folgenderweise verlaufen:

1) Weil das philosophische Denken notwendig die von

ihm produzierten Texte zur wahren „Wahrheit" hin transzendiert, ist die Philosophie wesentlich eine kritische Reflexion auf das Erreichte, ein Stellen neuer Fragen und ein Versuch, das vorher Gesagte zu erweitern, zu verbessern oder zu transformieren. Die kritische Distanz, die dem Philosophen seinen Werken gegenüber eignet, öffnet eine Zeit, in der er vom Geschriebenen weg und weiter gehen kann und muß. In dieser Zeit liegt die Möglichkeit neuer Worte zur Ergänzung oder Veränderung des Erreichten.
2) Ein neues Wort ist nicht nur möglich, sondern auch notwendig. Wenn der Philosoph radikal denkt, d. h. wenn er die eigene Ausgangsposition und leitende Perspektive hinterfragt, wird er nach solchen Worten suchen, die das schon Gesagte von Grund aus verändern oder auf ein neues Fundament stellen.
3) Ein wirklich und radikal neues Wort kann der einsame Denker nicht aus sich selber schöpfen, weil jeder neue Einfall oder Ansatz sich innerhalb der Möglichkeiten seiner empirisch-konkreten Diesheit *(haecceitas)* abspielen wird. Der Rahmen seines hier-und-jetzt so-und-so gebildeten Vermögens („Je peux, Ich kann") ist nicht umfassend genug, um auf eine zugleich authentische und orginelle Weise alles das auszudenken, was nötig wäre, um, über seine relative Perspektive hinaus, die Wahrheit selbst auszusprechen. „Ich kann" ist aber ein Vermögen, um Zugesprochenes, das ich nicht selbst ausfindig machen könnte, so zu empfangen, daß ich es mir wirklich zueigne. Dieser Überschuß des Vermögens als Empfänglichkeit über das Vermögen als Originalität ist übrigens ein fundamentales Postulat aller Erziehung und Bildung, alles Lernens, aller Lektüre und Tradition.
4) Die neuen Worte, die der Philosoph braucht, müssen ihm von außen gegeben werden, d. h. von anderen, die

sprechen oder schreiben. Philosophieren beinhaltet notwendig ein Hören, Lesen, Vernehmen. Der Versuch, das Sagen anderer zu verstehen im Hinblick auf Wahrheit, ermöglicht das eigene Weitergehen.

5) Das Wort anderer Denker ist nicht bloß notwendig, sondern auch möglich. Um es in sich aufzunehmen, bedarf der Hörer aber einer speziellen, nicht monologischen Einstellung. Der „Dialog der Seele mit sich selber" ist nur ein Moment des Philosophierens. Erfordert ist auch die Bereitschaft, „den Rumor, der das eigene Cogito erfüllt", zum Schweigen zu bringen, um besser zuzuhören (hierin scheint mir das richtige Moment an einer positivistischen Auffassung der Philosophiegeschichte zu liegen). Wenn der andere wirklich Neues sagt, wird das Zuhören ein Element von Kampf enthalten, sowohl mit dem Fremden, das beim Denker einbricht, als mit den Widerständen in ihm selbst, auf die das neue Wort stößt. (Zu diesem Kampf gehört meines Erachtens alles Polemische und ein großer Teil des Rhetorischen, insoweit es für die Philosophie Bedeutung hat.)

6) Der Dialog ist nicht die Vollendung der Philosophie. Denn a) er dient der Erweiterung und Radikalisierung des Denkens, das letzten Endes immer einsam bleibt (alles philosophisch Gesagte kommt nur dann ins Ziel, wenn ein Individuum es actualiter denkt, so wie eine musikalische Komposition nur dann aktuell besteht, wenn sie von einzelnen gehört wird); und b) der Richter, vor den die miteinander Sprechenden sich stellen, ist weder ihre Gemeinsamkeit noch ein größeres Forum oder „die Geschichte", sondern die Wahrheit selbst, ohne deren Zustimmung keine einzige Übereinstimmung oder Macht Würde hat.

7) Weil „die Wahrheit" der Literatur ein in sich beschlossenes Sprachganzes ist, das nicht über sich hinausweist,

fordert sie weder zur Kritik noch zum Widerspruch auf. Ebenso wie Musik, kann sie nur schweigend erlebt und nur vom einzelnen Hörer und Leser „mitgemacht" werden, auch wenn sie selbst aus einem Gewebe von Dialogen besteht. Das literarische Sprachspiel ist keine Einladung zu argumentativer Partizipation, sondern zu einem empfänglich-aktiven Dabeisein, während dessen der Empfänger es auf eine originelle Weise mitspielt und interpretiert. Die sprachliche Teilnahme am Kunstwerk geschieht als Lob oder Kommentar, nicht in der Weise einer Argumentation, die die Aussagen des Verfassers verbessert oder widerlegt. Das Hineinsprechen eines Hörers würde das literarische Kunstwerk zerstören oder es in ein anderes Spiel und Werk verwandeln. Auch wenn es absichtlich fragmentarisch ist, hat es – trotz des Scheins des Unvollendeten – dieselbe Abgeschlossenheit, wenigstens durch den Stil, der es in sich zusammenhält und gegen Modifikationen abschirmt.

Gegen die hier verteidigte These könnte man behaupten, daß sowohl neuere dramatische als ältere romanhafte Versuche, die Leser oder Zuschauer ins Spiel einzubeziehen, die monologische Struktur des literarischen Werkes durchbrechen. Dennoch zielen auch solche Versuche auf ein zeitliches Ganzes, über das nicht hinausgegangen werden kann, obwohl der Empfänger sich selber in einen Teil dieses Ganzen verwandeln läßt. Indem die Leser oder Zuschauer Mitspieler werden und das dargestellte Geschehen in einzigartiger Weise erleben, deuten und weiterentwickeln, werden sie Mitschaffende; diese Schaffenden sind aber zugleich die „Genießenden". Auch in diesem Fall ist das Kunstwerk eine Möglichkeit, sich während einer bestimmten Zeitspanne aus dem Engagement von Theorie und Praxis zurückzuziehen in einen unwirklichen Raum, in dem man sich der Verantwortlichkeit für die anderen, die draußen sind, nicht bewußt zu sein braucht. Literatur besteht nur, insofern Leser und Hörer da sind, die sie aufnehmen und auf ihre Weise beleben, aber sie fordert weder zur argumentierenden Antwort noch zum Kampf auf. Die „poetische" Wahrheit ist das traumhafte Genießen einer endlichen Vollendung, in dem man die Zeit des Alltags und die Moral vergißt; Philosophieren dagegen ist ein unaufhörliches Dialogisieren, das sich der Verantwortung gegenüber sich selbst, den anderen und der Wahrheit bewußt ist und im Fortgang von Text zu Text nie seine Unruhe verliert.

Das Denken aus dem Innern der Metapher

Von Józef Tischner, Krakau

In der neuzeitlichen Philosophie festigte sich zuerst durch Cartesius und dann durch Kant die Ansicht, daß ein markantes Merkmal jedes philosophischen Diskurses ein radikaler Kritizismus sei, durch den man unverwirkbare Grundlagen der Sicherheit anstrebt. Man kann mit Recht behaupten, daß es jedem Denken um die Erreichung der Wahrheit geht oder zumindest um die Annäherung an sie – die Wahrheit ist ein Element jeglichen Denkens, aber ein Vorrecht des philosophischen Denkens ist die auf radikal kritische Weise eroberte Wahrheit. Das philosophische Denken – um es etwas genauer auszudrücken – ist von zwei gegensätzlichen Bestrebungen durchdrungen. Die eine geht in die Richtung der höchsten Wahrheiten – vom Sinn des Lebens, vom Dasein oder Nichtsein Gottes, vom Anfang oder Ende des Weltalls, von dem Wesen des Guten und Bösen. Die zweite Bestrebung geht in die Richtung der unverwirkbaren Sicherheit und dies sogar um den Preis des Erkennens der letzten Dinge. Daher stammt das schmerzhafte Bewußtsein einer Zwiespältigkeit zwischen den höchsten Hoffnungen und der bestehenden Möglichkeit des Verlustes jeglicher Hoffnung.
Unsere Aufgabe hier besteht darin, die Rolle der Metapher zu erwägen, die sie in der philosophischen Sprache im Zusammenhang mit der ihr eigenen Funktion der Aufdeckung der grundlegenden Probleme des Menschen einnimmt. Aber die Sprache der Philosophie läßt sich vom philosophischen Denken nicht trennen. Wenn irgendwo

in der philosophischen Sprache die Metapher, ein Symbol oder eine bildliche Redewendung erscheint, wenn noch dazu die Metapher in einer synthetischen Abkürzung ein wichtiges Fragment des philosophischen Diskurses kurz zusammenzufassen scheint, so ist das Denken selbst metaphorisch geworden. Wäre es möglich, aus Platos Werk das Symbol der in der Höhle eingeschlossenen Menschen zu streichen, die nur die Schatten der Wirklichkeit sehen? Kann man aus der von Augustinus entwickelten Erkenntnislehre die Symbolik des „Gebärens" streichen? Oder die Hypothese des „boshaften Genius" aus dem Denken des Descartes? Von der Rolle des Symbols ist schon viel geschrieben worden. P. Ricoeur hat diesem Problem mehrere unschätzbare Arbeiten gewidmet. Trotzdem muß man zu diesem Thema immer wieder zurückgreifen, um ein paar grundlegende Wahrheiten in Erinnerung zu bringen – wenn man auch nichts wirklich Neues zu sagen hätte.

Erinnern wir uns an die Höhle von Plato: da sind Menschen an den Felsen angekettet, vor ihnen sind die Schatten der Wirklichkeit, hinter ihnen die Welt der Wahrheit und die leuchtende Sonne des Guten. Plato vergleicht das Denken mit einem Licht, das plötzlich in das Innere der Höhle eingedrungen ist und den Menschen und für die Menschen ihre eigentliche Lage enthüllt hat. Dank dem Denken, das wie ein Licht ist, gewinnt die den Menschen umgebende Welt einen Hintergrund. Aus dem bewußt gewordenen Kontrast zwischen der Welt und ihrem Hintergrund werden die ersten Worte des Denkens geboren. Sie sagen, daß etwas geschieht, was nicht geschehen sollte. Wir sollten anders existieren. Unsere Existenz ist nur der Schein einer Existenz. Wer hat uns in sie hineingestoßen? Und weshalb? Für welches Verschulden? Das Denken öffnet dem Menschen und für den Menschen den agatho-

logischen Horizont der Existenz – den Horizont der Wahrheit oder der Lüge, des Schönen oder des Häßlichen, des Guten oder des Bösen. Das Denken will durch das Fragen die Wahrheit kennenlernen, erfahren: Wo liegt die Grenze zwischen dem Schein und den wahrheitsgetreuen Erscheinungen? Wenn wir diese Grenze erkennen werden, so wird uns der Weg zum authentischen, echten Guten und authentischen Schönen offenstehen. Widrigenfalls kann sich alles als ein Schein, ein Trugbild erweisen.
Betrachten wir, wie das Denken geschieht. Das Denken verrichtet sozusagen eine doppelte Bewegung: die Bewegung in das Innere seiner selbst und eine Bewegung nach außen seiner selbst. Das Denken rückt gewissermaßen vom Leben ab, von den alltäglichen Beschäftigungen und Sorgen, als ob es sich innerlich sammeln wollte, als ob es einen besonders vorteilhaften, privilegierten Beobachtungspunkt suchte, von dem aus es ihm am besten möglich sein wird, in die Welt auszuschauen, am besten die aus der Welt kommenden Stimmen anzuhören. Das philosophische Denken ist eigenartig in erster Linie durch das, woher es kommt. Erst dann ist es eigenartig durch das, was es sagt. Die Philosophen sprechen aus solchen Stellen auf der Welt, aus welchen kein anderer spricht – weder ein Dichter noch ein Prediger noch ein Gelehrter, der exakte Wissenschaften betreibt. Es entsteht die Frage: Was sind das für Stellen? Aber auch das, was sie sagen, ist etwas Besonderes. Es entsteht die zweite Frage: Was wollen sie sagen? Jedenfalls etwas, was vor den Profanen verborgen ist, etwas Übersinnliches, Metaphysisches, Übernatürliches. Sind sie aber da nicht im Widerspruch mit der Forderung des Kritizismus? Wäre es nicht besser, „sie schwiegen von dem, wovon man nicht sprechen kann"?
Diese Fragen wollen wir hier in Kürze behandeln. Wir

wollen das Problem der Metaphorik des philosophischen Denkens untersuchen, um dadurch auf die metaphorische Ausdrucksweise großer Philosophen etwas Licht zu werfen.

I. Von dem, von wo der Philosoph spricht

Von wo spricht der Philosoph? Wenn wir die oben angeführten Beispiele philosophischer Metaphern betrachten (ich gebe bewußt keine Definition der Metapher, nur Beispiele), und besonders die Metapher der Höhle, begegnen wir dem mehr oder weniger deutlich auftretenden Motiv der Tragik der menschlichen Existenz und indirekt auch des menschlichen Denkens. Wenn es im Leben des Menschen keine Tragik gäbe, so gäbe es auch in seinem Leben kein radikales philosophisches Denken. Es besteht irgendein enger Zusammenhang zwischen dem Leiden, als dem unmittelbaren Bewußtsein der Tragödie, und dem Denken, das, gewollt oder ungewollt, eine Art Antwort auf die Tragödie bildet. Besteht dieser Zusammenhang vielleicht darin, daß das Leiden den Menschen zwingt, über sich und das Leiden nachzudenken? Gewiß, so geschieht es oft, aber das Leiden zwingt ihn auch, daß er vor ihm flieht. Die Beziehung zwischen dem Denken und dem Leiden ist nicht nur eine Beziehung zwischen dem Akt (des Denkens) und seinem Thema (Inhalt). Das Leiden durchdringt das menschliche Denken sozusagen von innen, von seinen Wurzeln aus, es macht sich selbst zur Grundlage des Denkens, es bewirkt, daß das Denken sein Ausdruck wird, seine Expression. Dies geschieht aber nicht erzwungen. Das Leiden erzwingt nicht die Bewegung des Denkens, wie z. B. das Verbrennen der Hand ihr Zurückziehen erzwingt. Das Denken ist eine Antwort, die

man geben oder nicht geben kann, eine Antwort der Freiheit, eine freie Antwort. Sie wird auf einer anderen Ebene geboren als der Schmerz. Der Schmerz schmerzt, das Denken schmerzt nicht, es denkt. Trotzdem jedoch gäbe es ohne den Schmerz nicht diese Antwort. Die Vögel fliegen hoch, aber ihre Nester haben sie niedrig. Welches Leiden bildet die Grundquelle des Denkens? Wo hat das Denken sein Nest?
In Platos Metapher von der Höhle und auch bei Descartes in seiner Hypothese des boshaften Genius läßt sich letztlich alles auf die Unmöglichkeit der Unterscheidung zwischen dem Scheinbild und der wahrheitsgetreuen Erscheinung zurückführen. Die ganze direkte Welt der Phänomene (Erscheinungen), der Begebenheiten und Dinge schafft in uns das Trugbild der tatsächlichen Welt. Wir sehen Schatten und wir gewöhnen uns an die Schatten. Wir kennen sogar das nicht, was wir an Händen und Füßen haben. Wir bemühen uns zu wirken, wir schaffen die Technik und die Kunst und fragen nicht, wie die Dinge wirklich stehen. Auf diese Weise fliehen wir vor unserem tiefsten Schmerz, dem Schmerz der radikalen Ungewißheit. Als erste Aufgabe der philosophischen Metaphorik zeigt sich somit die, diesen grundsätzlichen Schmerz ans Tageslicht zu ziehen; anders gesagt: auf das Nest hinzuweisen, in dem das Denken geboren wird und von dem aus es immer sprechen wird.
Das Denken gebiert aus sich selbst das Subjekt des Denkens. Was und wer ist dieses Subjekt? Wer ist das denkende Ich? Man weiß jedenfalls, was das Subjekt nicht sein will und was es tatsächlich gewöhnlich nicht ist – das Ich der tagtäglichen Naivität, welches nicht fragt, sondern einfach nur lebt. Es ist auch nicht ein poetisierendes Ich. Zwar wird das poetisierende Ich aus einer Tragödie geboren, aber zu früh und zu eilig löst es das Problem der

Tragödie. Indem es in der Welt das Schöne entdeckt, das Schöne in dem Tragischen, entschuldigt es irgendwie die Tragik. Auch die Praxis ist nicht das Subjekt, weder die ethische noch die technische. Dieses Subjekt wirkt auch zu frühzeitig – vorzeitig: es will die Welt ändern, ehe es noch die Geheimnisse der Welt erkennen konnte. Das denkende Ich ist grundsätzlich nicht gegen die Poesie und nicht gegen die ethische und technische Praxis. Dennoch unterwirft es das eine und das andere einer radikalen Kritik wegen ihrer Blindheit – der Blindheit für die radikale Ungewißheit. Das denkende Ich ist ein Subjekt, das in der Höhle Platos das Ereignis des Lichtes gänzlich ausnützen will.

Das denkende Ich nimmt vor allem einen eigenartigen Standpunkt ein zu dem den Menschen quälenden Leiden. Es lehnt das Leiden nicht ab und flüchtet nicht ins Vergessen, aber es vollführt die radikale Umwertung des Leidens. Sogar dann, wenn es verschiedene Schmerzen zu seinem Thema nimmt, will es den grundsätzlichen Schmerz des Menschen ausdrücken – den Schmerz der radikalen Ungewißheit. Wir leben ständig an der Grenze des Scheines und der Erscheinung. Der versteckte Schmerz der Ungewißheit begleitet jeden Moment unseres Lebens. Er ist imstande, jede Hoffnung, mit der wir unseren neuen Tag aufnehmen, zu vernichten, jede aktuelle Liebe, jeden Glauben zu zersetzen. Die Ungewißheit kann sogar die Gewißheit antasten, daß wir sind: ist unser Dasein nicht nur ein Schein des Daseins? Wir streben ständig danach, um – wie Hegel es gesagt hat – „im Sein selbst anders zu sein". Und aus diesem Schmerz stammt unser Denken – das Denken, welches fragt: Wie ist es in Wirklichkeit? Diese Frage ist nicht eine Emanation des Schmerzes. Sie ist durch das Leiden „geboren". Auf die Metapher des „Gebärens" kommen wir noch zurück.

Das Subjekt des philosophischen Denkens lebt also nicht im Himmel der Glückseligkeit, wo es weder Tränen noch Tod gibt. Denken bedeutet: die radikale Ungewißheit bekämpfen. Es bedeutet auch: immer wieder die Gefahr des Trugbildes (des Scheines) in Erinnerung bringen, also die Ungewißheit wecken. Das Denken ist jene Geisteskraft, die den Schmerz nicht nur überwindet, sondern auch imstande ist, ihn in sich zu beleben und sogar aufrechtzuerhalten. Erst ein solches Denken ruft das Erkennen ins Leben. Das Erkennen ist ein Kind des Denkens, geboren im Schmerz der Ungewißheit und in der Hoffnung auf die Vermehrung des Lichtes. Darin besteht, wie es scheint, die besondere Würde des Denkens. Um inmitten der Tragödie der Welt denken zu können, bedarf es zugleich des Mutes und der Hoffnung. Beides ist notwendig. Wir können hier nicht Einzelheiten behandeln. Es wäre aber interessant zu zeigen, wie die Ursymbolik des Gebärens in neuzeitlichen Konzeptionen des Erkennens fungiert. Sehen wir ihre Spuren nicht in der Idee Kants von der Kategoriensynthese? Sehen wir sie nicht auch bei Husserl in seiner Idee der transzendentalen Konstitution des Sinnes? Das Erkennen als Resultat ist doch hier und dort die „Frucht" zweier verschiedener Faktoren – des Geistes und der Erfahrung; die Frucht besitzt zwar die Ähnlichkeit mit beiden, aber sie läßt sich nicht mit ihnen identifizieren.

Ein Zweifaches ist zu unterstreichen: Das denkende Subjekt ist nicht ein vereinsamtes Ich, das durch sein Denken seine Einsamkeit noch vertieft. Im Gegenteil, es ist eine Subjektivität, die eine Gemeinschaft mit einem Anderen sucht und von der Gemeinschaft Zeugnis gibt. Die radikale Ungewißheit ist nicht nur der tiefste Schmerz des Menschen, sie ist auch zugleich der allgemeinste Schmerz. Eine enttäuschte Liebe erleben, die einander geliebt haben; den Verlust des Vertrauens erleben, die einander vertraut haben. Aber ein Keim der radikalen Unsicherheit ist allen gemeinsam. Daher wird ein gemeinsamer Blickpunkt gesucht auf das, was rundum geschieht: „Versuche dich zu erheben über dich selbst und siehe, daß auch ich in Fesseln liege." Es geht darum, daß man die Haltung „für mich" – „für dich" verläßt und die Haltung „für uns" einnimmt. Um ein gemeinsames Thema zu haben, muß man einen gemeinsamen Gesichtspunkt erlangen; daher die Bedeutung, welche die neuzeitliche Erkenntnisphilosophie der Konzeption des „Erkenntnissubjektes" – des idealen Gesichtspunktes auf alles – einräumt. Aber ein solcher Gesichtspunkt ist eher ein frommer Wunsch der Erkenntnisphilosophie als eine Tatsache. In der Praxis haben wir ausschließlich mit idealen Subjekten der einzelnen Diskurse zu tun, die in einem jeden Diskurssystem verschieden sind. Wir haben ein ideales Subjekt des positivistischen Diskurses, des phänomenologischen Diskurses, der theologischen Diskurse usw.

Wovon zeugt die bloße Möglichkeit dieser Bewußtseinsspaltung und der Konstituierung diverser Gesichtspunkte in bezug auf dasselbe Ding? Was beweist diese Leichtigkeit, mit der man eine diskursive Gemeinschaft mit anderen eingeht? Wie geschieht es, daß durch die Spaltung das Bewußtsein nicht stirbt, sondern desto mehr lebt? Was ist unsere Subjektivität, beobachtet durch das Prisma der Leichtigkeit jener Spaltungen? Letzthin antwortete darauf E. Levinas: Subjektivität bedeutet nicht Einsamkeit und Absonderung, Subjektivität ist... Nähe. Die Nähe ist hier eine Substitution. Die Wahrheit von der Subjektivität ist also die: der andere ist in mir, er ist mir näher als ich mir selbst. Nur dadurch, daß der andere in mir ist, daß er so nahe ist, kann ich gemeinsame Gesichtspunkte ersehen, Fragen und Antworten begehren, mit ihm sprechen wollen. Der Schmerz der radikalen Ungewißheit erweist sich als eine Form des Erlebens radikaler Verantwortung.

Ein zweiter Punkt ist die Sache der Alternative. Das radikale Denken zielt nicht nur darauf ab, auf dem Boden des Grundsätzlichen und Gemeinsamen Halt zu gewinnen, sondern vermag auch die Möglichkeit des Gegensatzes aufzuzeigen. Der Gegensatz ist eine ideale Lösung des Problems der radikalen Ungewißheit. Die Idee der Lösung ist gegenwärtig im Innern der eingeführten Metapher. Für Plato ist Lösung die „Umkehr" zur Welt voll Glanz (Licht), dank der es möglich sein wird, die Schatten der Dinge mit den Dingen selbst zu vergleichen, das Trugbild mit den wahren Erscheinungen und die Gesichter von den Masken zu unterscheiden. Bei Cartesius ist der Gegensatz des boshaften Genius der gute Gott, der nicht lügen kann. Die Funktion der Alternative ist in der philosophischen Metapher doppelt wichtig; erstens dadurch, daß sie uns die Richtung der möglichen Lösung des Problems in ihrem Keim aufweist; zweitens dadurch, daß sie uns das innere Wesen des Denkens enthüllt. Wer denkt, der sieht, daß alles anders sein kann. Das Denken ist ein Enthüllen der Möglichkeiten. Dank dem Denken beginnen Dinge, Tatsachen, Begebenheiten zu existieren im Horizont anderer möglicher Dinge, anderer möglicher Tatsachen, anderer möglicher Begebenheiten – sie erlangen einen agathologischen, axiologischen und ontologischen Hintergrund. Daher stammt auch gewiß die Freude des Denkens. Das Denken erweitert den Raum der Freiheit und öffnet die Horizonte der Hoffnung. Eine weitere Aufgabe des Denkens ist ein solches Handhaben des Lichtes, daß man den Weg sehen kann, welcher aus den Wänden der Höhle herausführt.

II. Von dem, wovon der Philosoph sprechen will

Das Denken des Philosophen versucht aus den Wänden der Höhle herauszukommen. Man muß aus den Verhüllungen und der Täuschung zu dem, was wirklich ist, durchdringen. Heute sagen wir gewöhnlich: Das Denken hat einen intentionalen Charakter, denn es wendet sich über die Erscheinungen hinaus zu den Dingen. Mit der Intentionalität geht Hand in Hand die Metaphorik der Sprache. Das Denken überträgt unser Leben von der Ebene der Erscheinungen auf die Ebene der Dinge, ihrer Ursachen, Ziele und Gründe, und erweitert dadurch den Sinn der Worte. Kant macht in der *Kritik der Urteilskraft* die Bemerkung: „Unsere Sprache ist voll dergleichen indirekten veranschaulichenden Vorstellungen, die auf der Analogie basieren, infolgedessen besitzt das Wort nicht das eigentliche Schema für die Idee, sondern nur das Symbol für die Reflexion." (Ak. Ausg. V, 352) Gegen diese Bewegung des Denkens heraus aus der Welt des möglichen Erlebens protestiert das Denken selbst. Ein radikaler Kritizismus befiehlt Vorsicht. Wer zu hoch fliegt (wer einen zu hohen Flug nimmt), kann die Sicht von allem verlieren. Weithin bekannt wurde das Wort R. Bacons: „Dem Menschen tun nicht Flügel not, sondern Blei."
Die metaphorische bildliche Ausdrucksweise ist ein Ausdruck der Intentionalität. Das Denken als intentionaler Prozeß oder Akt kann die Metaphorik nicht entbehren. Aber bezieht sich das auch auf das philosophische Denken? Verlangt der radikle Kritizismus dieses Denkens nicht das Verzichten auf die Metaphorik? Betrachten wir zwei Fälle, die unser Problem illustrieren. Der erste Fall steht in gewissem Grade in Verbindung mit Husserls eidetischer Phänomenologie, der zweite berührt die traditionelle Theorie der analogen Behauptungen (Aussagen).

Beide Fälle zeigen uns, wie man Vögeln an die Flügel Blei anbinden kann.

E. Husserl gibt eine Losung, eine Parole, die selbst schon eine Metapher ist: „zurück zu den Sachen". Was bedeutet sie? Husserl verlangt, man solle die Bewegung der Erkenntnisintention auf dem Gebiet der Phänomene und ihrer eidetischen Strukturen aufhalten. Das Gebiet der Phänomene ist ein Gebiet der Unmittelbarkeit (der Natürlichkeit), die näher und grundsätzlicher ist als das Unterscheiden zwischen Trug und Erscheinung. Ich sehe einen ins Wasser getauchten Stock, es scheint, der Stock sei gebrochen. Wenn ich nun sage: „der Stock ist gebrochen", so kann ich einen Fehler begehen. Wenn ich aber sage: „ich sehe den Stock gebrochen", so begehe ich keinen Fehler. In der eidetischen Phänomenologie Husserls geht es darum, man solle nicht davon sprechen, was ist, sondern davon, was gegeben ist, gemäß dem, wie es gegeben ist. Die Welt der Einwohner der Höhle ist zweideutig, aber dies erlaubt nicht, auf einen kritischen Diskurs zu verzichten. In einer zweideutigen Welt ist es jedenfalls möglich, mindestens eine Phänomenologie der Zweideutigkeit zu entwickeln und auszubauen. So erweist sich der philosophische Diskurs Husserls als ein Versuch, mit der Vorlegung der Phänomene gleichzeitig die Auslegung dessen zu geben, was auf der Ebene der Phänomene wesentlich ist. Die Voraussetzung dieses Diskurses ist die: damit ein Trugbild entstehen könnte, muß zuerst eine Erscheinung da sein. So ist also die kritische Untersuchung der Sphäre, welche einer Täuschung nicht verfällt, Bedingung, um etwas außerhalb der Höhle erkennen zu können.

Das Denken nach den Regeln der eidetischen Phänomenologie schließt grundsätzlich die Metaphorik der Sprache aus. Die Metapher kann hier nur eine Hilfsrolle spielen, sie kann zum Sehen, zum Behalten im Gedächtnis, zum Verstehen behilflich sein. Aber der innerste Kern des Wortschatzes der Phänomenologie Husserls wird mit Hilfe der Eindeutigkeitsregeln festgelegt. Das Wesentliche ist überall identisch, die Wesen sind überall wesentlich. Trotzdem endet damit nicht die Sache der Phänomenologie. Denn was ist letzten Endes die Welt der Phänomene, die Welt der miteinander verflochtenen Wesen, der Noesen, die auf Gedeih und Verderb mit den Noemata verbunden sind? Der eidetischen Phänomenologie tritt die transzendentale Phänomenologie bei. Im Lichte des transzendentalen Bewußtseins ist die uns umgebende Welt nichts anderes als eine spezifische Expression des reinen Bewußtsein, ist ihre eigene Metapher. Die Metapher, wie es der Name selbst zeigt, versetzt uns von dem Etwas außerhalb dieses Etwas. Der metaphorische Charakter der Welt der Phänomene erscheint uns darin, daß er ununterbrochen uns an das reine Bewußtsein denken läßt, welches sie konstituiert hat. Das Phänomen „zwingt uns zum Denken". Das Phänomen wird ein Zeichen, ein Symbol, eine Erscheinung dessen, was im Bewußtsein radikal transzendental ist. Radikal transzendental aber ist das Denken selbst. In der Welt der Phänomene liest das kritische Denken seine eigene Wahrheit.

Der zweite Fall ist die traditionelle Theorie der Analogie und die darauf begründete Theorie der analogen Aussagen. Beide Theorien entwickelten sich in enger Verbindung mit den Kontroversen um das Wesen Gottes. Es ging einerseits um den Charakter der inneren Beziehungen der drei Personen im Schoß der Heiligen Dreifaltigkeit (Dreieinigkeit), andererseits um die Beziehung Gottes zur existierenden Welt. Das Problem bezog sich auch u. a. auf die Metapher des „Gebärens" und auf die Beziehung des „Gebärens" zur „Erschaffung" aus dem Nichts. Wir werden jedoch mit dem beginnen, was später geschah, d. h. mit der kodifizierten Theorie der analogen Aussagen, um dann zum hl. Augustinus und seiner Sicht des in der Dreifaltigkeit einen Gottes überzugehen.

Als Resultat langer Streitigkeiten um die Rolle der analogen Gedankengänge (Überlegungen) in der Ontologie befestigte sich die Auffassung, das eigentliche Gebiet der Analogie (der sogenannten „Analogie der Proportionalität") sei der Bereich der die Sphäre der Gattungen und Arten überschreitenden „Transzendentalien": der Wahrheit, des Schönen und des Guten. Die Sphäre der Transzendentalien ist – wie wir es heute sagen und ausdrücken würden – die Sphäre der grundlegenden Werte. Aus den zitierten Feststellungen folgt, daß z. B. der Gattungsbegriff „Mensch" in einem jeden menschlichen Individuum sich identisch und nicht analog realisiert: jeder Mensch ist ein ebensolcher Mensch. Werte dagegen werden realisiert „den Proportionen gemäß", d. h. analog: Der eine Mensch ist besser, der andere schlechter, der eine schöner, der andere häßlich. Folglich haben wir in der Philosophie zwei Sprachen: die eindeutige Gattungs- und Art-Sprache und die analoge (metaphorische, symbolische), die axiologische und agathologische. In welcher Sprache haben wir das Recht von Gott zu sprechen? Das hängt davon ab, welche Beziehungen Gott mit der Welt verbinden – ob die Welt von Gott „geboren" oder ob sie aus dem Nichts „geschaffen" worden ist.

Betrachten wir beide Möglichkeiten. Wenn die Welt von Gott „geboren" worden ist, so dürfte die Welt auf irgendeine Weise und in irgendeinem Grade Gottes Natur erben. In einem solchen Falle könnten wir von der Welt zu Gott auf den Stufen der Attributionsanalogie steigen. Man könnte z. B. sagen, daß das Leben des Menschen ein Abbild des „Lebens" Gottes ist, und daß die Dreifachheit der menschlichen Seelenkräfte – der Vernunft, des Willens und des Gefühls – von der Dreifaltigkeit der Personen in Gott zeugen. Wenn aber Gott die Welt nicht geboren, sondern geschaffen hat, dann versagt die Sprache der Attribution und man muß entweder von Gott schweigen oder eine andere Sprache suchen. Ist es möglich, hier an eine andere Sprache zu denken? Ja, als Beispiel kann die Sprache der Kunst dienen. Ein Kunstwerk spiegelt auch auf eine gewisse Weise die Persönlichkeit des Künstlers, obwohl es von ihm nicht „geboren" sondern von ihm „geschaffen" ist. Wenn man den Menschen, die Welt, die Geschichte des Menschen als Gottes Kunstwerk betrachten würde, so würde man möglicherweise eine Sprache finden, in der man von Gott sprechen könnte. Es muß nicht gerade die Sprache der Poesie sein. Es kann eine auf der „Analogie der Proportionalität" gegründete Sprache sein – auf der Analogie, nach der drei grundlegende Werte in den Dingen leibhaft werden: Das Gute, die Wahrheit und das Schöne und die von ihnen abgeleiteten einzelnen Werte. In diesem Falle wird man sagen können, daß die Güte des Menschen zum „Denken anspornt" von der Güte Gottes her und ähnlich die Schönheit der Natur sowie „das große Schweigen des Weltalls". So von Gott zu sprechen, ist nicht verboten, da doch „die Gipfel der Schöpfung ein Fußschemel seines Thrones" sind, aber es öffnet sich ein Betätigungsfeld für die negative Theologie. Die Sprache der Theodizee wird eine symbolische Sprache, gleichzeitig eine zutiefst axiologische und agathologische. Diese Sprache beschäftigt sich dauernd mit Werten, mit Gütern, sie denkt mehr über Gutes und Böses als über Sein und Nichtsein. Die Worte „spornen an zum Denken", aber sie erschöpfen keine Inhalte. Man hat zwar dem Denken Blei an die Flügel gebunden, aber man band das Denken nicht an die Erde.

Was geschieht in dieser Lage mit dem Begriff des Gebärens? Verliert er an Bedeutung für die Lehre von Gott? Betrachten wir dieses Problem näher. Vielleicht gelingt es uns, an einem konkreten Beispiel die Größe und die Not (die Nichtigkeit) der Metaphorik zu zeigen. Nichts enthüllt doch so das Geheimnis der Worte als Versuche, sie außerhalb des Ortes, der sie gebar, anzuwenden. Beim hl. Augustinus – in Übereinstimmung übrigens mit biblischen Texten – wird der Begriff des Gebärens zur Beschreibung der inneren Beziehungen in der Heiligen Dreifaltigkeit angewendet. Gott hat die Welt nicht geboren, sondern sie geschaffen, doch Gott der Vater hat den Sohn geboren. Der Begriff des Gebärens wird eine Metapher oder ein Symbol, die zur Beschreibung einer Sphäre außerhalb der Grenzen möglicher Erfahrung dienen. Was geschieht da mit diesem Begriff? Welcher Umwandlung unterliegt er?

Das Gebären ist vor allem eine Begebenheit des menschlichen Lebens. Es ist verbunden mit der Erfahrung des Schmerzes und zugleich mit der Erfahrung des Glückes. Die christliche Theologie weigert sich, ein Leiden, einen Schmerz in Gott anzuerkennen. Um leiden zu können, mußte Gott die menschliche Natur annehmen. Wenn in Gott ein Gebären vor sich geht, so geschieht es schmerzlos, in der Fülle des Glückes. Gott ist das höchste erkennende Wesen. Wenn es so ist, so ist das Gebären in Gott eben ein Erkennen und das Erkennen ist ein Gebären. In der Theologie Augustins ist der Sohn Gottes gedacht als das Wort, das durch das erkennende Denken des Vaters geboren wird: Sohn Gottes sein bedeutet Wort sein, das Gott Vater von sich selbst spricht. Der Sohn besitzt die volle Natur des Vaters, das bedeutet, daß der Vater sich selbst im Sohn in einer fehlerlosen, adäquaten Weise erkennt. Das Gebären ist etwas Spezifisches: Es ist weder

ein Abbilden noch ein Schaffen aus dem Nichts. Dort, wo ein Abbilden vor sich geht – z. B. das Abbilden im Spiegel – ist das abgebildete Bild anderer Natur als das natürliche Ding. Die im Spiegel abgebildete Flamme brennt nicht und wärmt nicht. Dagegen besitzt der Sohn Gottes, ebenso wie Gott Vater, die Natur Gottes. Das Gebären ist auch kein Erschaffen. Das Geschaffene ist niederen Ranges als der Schaffende. Dagegen ist der Sohn in jeder Hinsicht dem Vater gleich.
Welche Bedeutung hat dies für unsere Erwägung? Um den Begriff des Gebärens auf das, was in Gott vorgeht, anwenden zu können, muß man eine besondere Idealisation des Begriffes durchführen. Der Begriff darf schon nicht mehr ein Geschehnis beschreiben, sondern einen Wert. Gebären bedeutet einen Wert realisieren, verwirklichen. Welchen Wert? Den Wert der Wahrheit – der Wahrheit, die der Sohn ist. Die vitale Axiologie wird durch die gnostische Axiologie absorbiert. Aber nicht gänzlich. Denn gebären bedeutet ein Glück erleben. Wenn in Gott das Sich-selbst-erkennen ein Gebären ist, ist es zugleich ein höchstes Glück – ein Glück, das der Heilige Geist ist, das Glück der Liebe. In dieser Hinsicht ist es die vitale Axiologie, welche die gnostische Axiologie bereichert. Das Erkennen wird zum Erleben des Glückes. Glücklich sein bedeutet: die Wahrheit erkennen und zugleich sie gebären. Wir befinden uns da an einem der Punkte, von denen der europäische Rationalismus seinen Anfang nimmt – es ist das Suchen des Glückes in der Erkenntnis. Aber der Begriff des Gebärens hat seine weitere Geschichte. Bereinigt vom Erleben des Schmerzes, eng verbunden mit der Idee des fehlerlosen Erkennens, steigt dieser Begriff vom Himmel wieder herab zur Erde. Die Theologie ist ebenfalls in einem gewissen Sinne Anthropologie. Gott ist für den Menschen ein Ideal und, was in Gott Glück bedeutet,

das sollte auch Glück für den Menschen sein. Das Wort „gebären" funktioniert weiterhin als Metapher in den Beschreibungen des Erkennens beim Menschen. Bei Augustinus trifft man es überall unter seinem eigenen Namen, bei anderen steht es in Verbindung mit anderen Namen (kommt es vor unter anderen Namen), aber im Innern dieser Laute vernimmt man das Echo des Gebärens: bei Kant, bei Husserl, bei Heidegger. Dennoch entschwindet aus den Beschreibungen des Erkennens größtenteils das Moment des Leidens. Das Erkennen ist hier schon nicht mehr Ausdruck irgendwelchen Leidens. Erkennen bedeutet eher ein stetes Emporfliegen über das Tal der Tränen. Das Erkennen gibt schon lediglich Glück: Gott Vater ist glücklich, wenn Er den Sohn gebiert, der Ihm in der Gottheit gleich ist; der Mensch ist glücklich, wenn er Worte der Wahrheit gebiert, die für ihn das enthalten, was in den Dingen am wertvollsten ist. Kants transzendentale Apperzeption – die Frucht des radikalen Kritizismus – empfindet weder Schmerz noch Glück. Ähnlich ist das transzendentale Ich Husserls – wenigstens laut einigen Texten – uninteressierter Zuschauer der Dramen der Welt. Das Leiden wird hier ausschließlich ein Thema des Denkens, aber niemals ein dem Denken immanenter Inhalt.
Und eben darin enthüllt sich die Niederlage des Denkens, das sich in die Metapher verliebt hat. Wenn die Metaphern zur Erde zurückkehren, nachdem sie ihre Rolle im Himmel zu Ende gespielt haben, können sie etwas anderes bedeuten als vorher und etwas anderes beschreiben. Die Metaphern werden launisch, sie beschreiben die Welt in ausgewählten Bruchstücken, sie verwechseln manchmal den Menschen mit Gott. Sie bewirken, daß der Mensch vergißt, was sein Gedanke im Himmel nicht erblickt hat. Vergessen lassen... Vergessen bedeutet nicht ein Problem

lösen. Es bedeutet nur: die Aufmerksamkeit etwas anderem zuwenden. Die Metapher macht empfindlich, aber sie stumpft auch ab. Man kann es verstehen, daß manche die Eindeutigkeit vorziehen und deswegen um Blei für die Flügel bitten. Aber auch sie sind abgestumpft und empfindlich nur im verkehrten Sinn. Jene für die Erde, diese für den Himmel. Die einen sind nicht fähig, herabzuspringen, die andern nicht fähig, in die Höhe zu springen. Letzten Endes ist sowohl das eine wie das andere eine Verstümmelung.

*III. Was machen die Philosophen
mit der Tatsächlichkeit?*

Die Metaphorik der spekulativen Metaphysik ist jedoch nicht die einzige Äußerung des philosophischen Denkens, das, indem es von der Erfahrung der Ungewißheit ausgeht, die Gesamtheit umfassen will. Ein anderes Beispiel dieser Äußerung ist ein im hermeneutischen Denken implizites gegenwärtiges Motiv, das deutlicher im idealistischen Denken hervortritt. Betrachten wir banale Beispiele.
Fragen wir: hat sich die von Plato beschriebene Szene in der Höhle wirklich ereignet? Selbstverständlich nicht. Die beschriebene Lage ist lediglich eine Metapher der wirklichen Situation eines jeden Menschen. Noch klarer sieht man das im Falle des „boshaften Genius" von Descartes. Der „boshafte Genius" ist eine Erdichtung der denkenden Phantasie des Philosophen. Ein anderes Beispiel dieser Auffassung stammt aus dem Text P. Ricoeurs: Ein Fleck als Symbol der Schuld. Gleichgültig, ob der Fleck wirklich existiert oder ob er eine Phantasieerfindung des Verfassers ist, kann er seine Funktion der Symbolisierung der Schuld

verrichten. Was sagen uns diese Beispiele? Sie sagen, daß im metaphorischen oder symbolischen Denken eine Bedeutungsänderung im Inhalt des Begriffs erfolgt, der als Ausgangspunkt der Symbolisation genommen worden ist (Ricoeur unterschied seinerzeit das metaphorische Denken vom symbolischen, aber letztlich scheint er den Unterschied fallengelassen zu haben). Gewöhnlich wird behauptet, daß der Inhalt eine Erweiterung erfährt. Aber das ist nicht ganz richtig. Eine „Erweiterung" ist vor allem ein besonderer Eingriff in den Anerkennungsakt von etwas wirklich Existierendem: Der Fleck kann sein oder kann nicht sein, aber die Schuld ist wirklich. In Griechenland konnte es so sein, daß es keine einzige Höhle gab, trotzdem kann das, wovon die Metapher Platos spricht, wirklich sein. Dasselbe gilt vom Falle des Cartesius. Daraus folgt: Die radikale Metaphorisation der sichtbaren Welt bedeutet, daß die Welt den Rang einer absolut existierenden Welt verloren hat.

Man sieht dies besonders gut bei Heidegger. Der hermeneutischen Konzeption gemäß gab Heidegger zu, daß in den Urteilen, welche Aussagen des Verstehens sind, das Wort „ist" eine geschwächte Bedeutung besitzt. Es bedeutet nicht, daß etwas wirklich ist, sondern nur, daß „etwas Bedeutung als etwas hat". Anstatt nachdrücklich zu sagen: „Johann ist Pauls Sohn", sollte ich lieber sagen: „ich verstehe Johann als Pauls Sohn". Bedingung des Verstehens ist das Vorverstehen. Um zu verstehen, daß das Seiende ist, muß ich erst wissen, was das Sein bedeutet. Auf der Ebene des philosophischen Denkens erscheint der Sinn des Seins als ein Licht, das mir erlaubt, die mich unmittelbar umgebenden Seienden so oder anders zu verstehen. Wenn also im Laufe der Geschichte meine Art des Verstehens der Seienden sich ändert, so geschieht dies als Resultat der Umwandlungen in der Sphäre des Vorverstehens des Sinnes des Seins. Das Licht des Seins entscheidet über den Glanz der Seienden.

Diese Konzeption bedeutet eine Umkehrung (Inversion, Invertierung) der Metaphorik. Die frühere Theorie der Metaphorik führte von dem, was unmittelbar, gemeinsam und bekannt ist (z. B. die Güte des Menschen), zu dem, was entfernt, unbekannt, schwer zu erfassen ist (die Güte Gottes). Das hermeneutische Deuten weist auf den entgegengesetzten Weg: die Seienden sind Metaphern: eine Metapher ist das, was unmittelbar, gemeinsam, physisch ist. Wessen Metapher? Die Metapher dessen, was wirklich außerhalb der Seienden ist. Das Sein, das wir erfahren, das ganze Gebiet unserer „physischen Welt" ist in seinem Wesen ein Quasi-Sein. Von dem Quasi-Sein sind nur Quasi-Urteile möglich. Die Lehre von dem, was ist, ist nur eine Lehre „als-ob", eine Quasi-Lehre, eine Lehre von dem, was ist „als ob es sei". Nicht die Physik ist heute Königin der Wissenschaften, sondern die Metaphysik; sie ist nämlich die einzige Wissenschaft, welche zeigt, daß das Sein, das wir erfahren, nur eine Metapher des wahren Seins ist.

Selbstverständlich ist das Aussagen dieser Wahrheit verschieden in verschiedenen philosophischen Diskursen. Die einen werden uns überzeugen wollen, daß die aktuelle Wirklichkeit in einem Stande ständigen Vergehens (Vorübergehens) sich befindet, daß also wahrhaftig nur das ist, was sein wird. Andere sagen, daß die Wirklichkeit in ihrem Wesen kontingent (zufällig) ist und als solche einer ständigen Intervention des Absoluten bedarf. Noch andere werden die Seinsselbständigkeit der Wirklichkeit in Frage stellen (metaphysischer Idealismus). Trotz dieser Unterschiede wird eins als gemeinsam erscheinen: das Denken aus dem Innern der Metapher. Die globale Struktur der Metapher als einer besonderen Konstruktion des

Denkens wird dem Denken endgültige Horizonte vermitteln.
Und so verwandelt sich die Verteidigung der Berechtigung der Metaphorik im Denken und in der Sprache der Philosophie in eine Kritik der unmittelbaren Welt, die uns den Schein (Trug) einer wirklichen Welt verschafft.

IV. Was anerkennt das Denken ohne Metaphern?

Die Metapher, das Symbol, sind nicht zufällige Erscheinungen im radikalen Denken, sondern geradezu Erscheinungen (Symptome, Äußerungen) seines Radikalismus. Das Denken ist ein Öffnen der Möglichkeitshorizonte auf das, was als seiend gegeben ist. Ein jeder Akt des Öffnens neuer Horizonte will sich in einer Metapher äußern. Infolgedessen kann das Symbol „zu denken geben".
Die Metapher der Höhle gibt zu denken über das grundsätzliche Leiden des denkenden Wesens – über das Leiden der Ungewißheit. Dasselbe gibt uns die Metapher des Gebärens ein. Das Verlegen dieser Metapher von der menschlichen Ebene auf die göttliche Ebene enthüllt die Eigenart des Erkenntnisaktes im Gegensatz zum Abbilden und Schaffen. Die Metaphorisation erscheint als Übergang zum Denken gemäß (nach) den Werten. In diesem Punkt kann die Metaphorisation ein falsches Bild des Ortes geben, der sie geboren hat. Das Erkennen kann die Verpflichtungen gegenüber dem Leiden übersehen. Es besteht ständig die Notwendigkeit der Wachsamkeit. Und endlich das letzte Werk der „lebendigen Metapher": die Wegnahme des Scheins des absoluten Seins von dem, was unmittelbar ist. Wenn die philosophische Metapher möglich ist, so ist auch eine ganz andere Welt möglich als die, auf der wir heute leben.

Welches Denken kann also der Metapher entbehren? Das Denken, dessen Ziel und Seinsberechtigung die bedingungslose Affirmation der aktuellen Welt ist, ist ein solches Denken, für das der Realismus nicht nur eine Philosophie wird, sondern schon eine Krankheit ist, und das Prinzip (Grundgesetz) einer strikten Eindeutigkeit der Sprache – wie ein Verbot für Grippekranke, nicht ins Freie auszugehen – nicht nur eine Direktive ist, welche eine Verständigung erleichtern soll, sondern ein Verzicht auf das Überdenken des in den großen Metaphern der europäischen Philosophie verborgenen Sinnes.

Bericht:
Marvin Farber (1901–1980) in memoriam. Sein Leben und Wirken für die Phänomenologie in USA

Von Kah Kyung Cho, Buffalo

I.

Das von Edmund Husserl gegründete *Jahrbuch für Philosophie und phänomenologische Forschung* wurde zum letzten Mal 1930 herausgegeben. Dafür sollte sein Namensvetter, getreu auf Englisch *Philosophy and Phenomenological Research* (PPR) umgetauft, quasi auf dem Exilboden Amerikas ein eigenes, mittlerweile vier Jahrzehnte währendes Dasein entfalten. Der Mann, der ursprünglich Husserls Lebenswerk mit dem seinen aus inniger Anteilname identifizierte und seit 1940 diese Zeitschrift als Organ der International Phenomenological Society leitete, suchte jedoch zunehmend sich selbst und seine Zeitschrift von dem beengenden Etikett der Phänomenologie zu befreien. Als er am 24. November 1980 an einer Krebserkrankung starb, wußte man in seinen engeren Kreisen, daß Farber so gut wie ganz mit der Philosophie seines früheren Meisters abgerechnet hatte. Im offenen Gegensatz zu Husserl, der nichts so leidenschaftlich verpönte als die „Naturalisierung" des Bewußtseins, belegte Farber nun seine eigene Position mit dem Titel „Naturalismus". An diesem Gesinnungswandel kann man einerseits den unabhängigen Geist des Mannes, andererseits aber auch so etwas wie die alles einschmelzende Prägekraft des bodenständigen Denkens in diesem Kontinent bemessen.

Mit dem Tode Marvin Farbers geht ein Abschnitt der amerikanischen Philosophiegeschichte des 20. Jahrhunderts zu Ende. Er gehört zu der letzten Generation der einheimischen Philosophen, die ihr Studium in Europa noch in den wirren Jahren nach dem Ersten Weltkrieg antraten und sich trotz der immer breiter um sich greifenden Wirkung des logischen Positivismus und der sprachanalytischen Philosophie die Sehnsucht nach dem großformatigen Denken des 19. Jahrhunderts gerettet haben, obwohl im Falle Farbers das Ziel dieser Sehnsucht nicht Hegel oder irgendein idealistisch konstruiertes System in seiner Nachfolge heißt, sondern Marx und ein wie auch immer uminterpretierter Materialismus. Es sollte daher eigentlich niemanden Wunder nehmen, daß in den letzten zehn Jahren seines Wirkens in Buffalo Farber eine in ihrer Gesinnung an die Neue Linke gemahnende Schar junger Studenten an sich zog, die vom Kult Wittgensteins und von den spröden Spielregeln der Sprache so wenig hielten wie vom Krieg in Vietnam und von den perfiden Werten der Law and Order Society. Farber schürte sogar mit seinen Reminiszenzen die Leidenschaft der jungen Menschen zum sozialen Engagement, als er nun statt der Begegnung mit dem nüchternen Denker Husserl das Treffen etwa mit dem Revolutionär Zinovyev in Berlin als ein besonders nennenswertes Erlebnis seiner Studienjahre hervorkehrte. Er bot so scheinbar ein komplexes Gesamtbild, aus dem man je nach der Entfernung unvermutete, ja sogar widersprechende Züge zu entnehmen vermag.

Als der älteste Sohn einer aus Österreich stammenden jüdischen Familie wurde Marvin Farber am 14. Dezember 1901 in Buffalo im Bundesstaat New York geboren. Ihren insgesamt vierzehn Kindern setzten Simon Farber und seine Ehefrau Matilda, geb. Goldstein, durchweg hohe Ziele und verhalfen ihnen, jedes einmal gesteckte Ziel mit einem beachtenswerten Erfolg zu realisieren. Ob in der Medizin, in der Jura oder im Versicherungsgeschäft, alle traten in ihrem Berufsleben in leitender Stellung hervor. Von Marvin Farbers jüngeren Brüdern wurden drei Medizinprofessoren. Sidney war Professor der Pathologie an Harvard und diente auch als Präsident der Amerikanischen Krebsgesellschaft. Seymour war Professor der Klinischen Medizin an der Unversity of California in San Francisco, wo er zuletzt als Prorektor diente. Eugene ist heute an der Stanford University als Direktor der Dermatologischen Abteilung tätig. Ein anderer Bruder, Harold, gründete eine internationale Versicherungsgesellschaft in Buffalo. Zwei Söhne von Marvin Farber sind in Minneapolis im Bundesstaat Minnesota als erfolgreiche Nervenärzte tätig. Vor etwa vier Jahren siedelte er nach Minneapolis über, hauptsächlich wegen des Gesundheitszustandes seiner Frau.

Marvin Farber zeichnete sich früh durch seine musikalische Gabe aus. Er hätte auch als Violinist eine Karriere machen können. Nachdem er sich für das Studium der Philosophie entschieden hatte mit der Begründung, daß die Musik bei Ermangelung genügender Kopfarbeit leicht in eine mechanische Routine ausarten könne, pflegte er noch in den früheren Jahren zusammen mit einigen Kollegen im Universitätsquartett aufzutreten. Von Anfang an galt Farbers Augenmerk dem Besten und Höchsten, das das Leben ihm an Erziehungs- und Ausbildungsmöglichkeiten zu bieten hatte. Von Harvard, wo er das Bakkalaureat mit *summa cum laude* abschloß, ging der einundzwanzigjährige nach Berlin und Freiburg i. Br. Nach diesem zweijährigen Aufenthalt in Deutschland, wo er die für sein Leben so entscheidende Bekanntschaft mit dem Gründer der Phänomenologie, Edmund Husserl, machte, kam er nach Harvard zurück, um seine Promotion abzuschließen. Er lehrte ein Jahr an der Ohio State University, bevor ihn sein Weg 1926 noch einmal für ein Jahr nach Heidelberg führte.

Seit 1927 bis zu seiner Emeritierung 1974 blieb Farber, mit einer dreijährigen Unterbrechung in Philadelphia, der Universität Buffalo treu. Berufungen nach auswärts, einschließlich der Auslandseinladungen, so etwa an der Universität Peking zu den renommierten Vortragsserien, an denen damals Russell und Dewey teilnahmen, lehnte Farber ab. Dem sensiblen Diätiker sagte die zu üppige Kost, die er einmal in einem chinesischen Restaurant in Buffalo probierte, nicht zu. Obwohl Harvard seine erste Wahl gewesen wäre, pflegte er seine Ortsansässigkeit mit dem Hinweis zu rechtfertigen, daß in den früheren Jahrzehnten selbst in hohen akademischen Kreisen die Rassendiskriminierung noch an der Tagesordnung war. 1961 versuchte er sein Glück an einer Universität der „Ivy League", Pennsylvania, und er wurde auch während dieser Zeit zum Präsidenten der Ameri-

can Philosophical Association (Eastern Division) gewählt. Aber nach nur drei Jahren kehrte er wieder nach Buffalo zurück, um die altgewohnte Freiheit zu genießen. Von allen verwaltungsmäßigen Pflichten entbunden, widmete er sich ganz der eigenen Schreibarbeit und der Redaktion seiner Zeitschrift. Seit dem 1959 unter dem Titel *Naturalism and Subjectivism* erschienenen Buch brachte er zehn Jahre lang keine nennenswerte Arbeit in Buchform heraus. Jetzt in seiner wiedergefundenen Ruhe erschienen aber in rascher Folge *The Aims of Phenomenology* (1966), *Phenomenology and Existence* (1967), und *Basic Issues of Philosophy* (1967), die allesamt als eine polemische Auseinandersetzung mit der Phänomenologie und Existenzphilosophie angesehen werden können. In den letzten Jahren seines Lebens schrieb er unermüdlich an einigen Büchern, in denen er den eigenen, bisher unter dem Schlagwort „Naturalismus" zusammengefaßten Gedanken eine systematische Form zu geben suchte. Sie liegen teils als fertige, teils als noch ergänzungsbedürftige Manuskripte vor und sollen später von der Unviersity of Buffalo Foundation zur Veröffentlichung gebracht werden.
Als Mensch fühlte sich Farber schon früh dazu berufen, Maßstäbe für andere zu setzen. Aber er tat dies in einer Art, die Würde und Aplomb mit Diskretion und Zurückhaltung verband. „Ob er mehr Konfuzianer oder Taoist sei", fragte ein Kollege, der ihn längere Zeit kannte und sich oft verwundert zeigte über die würdevolle Zurückhaltung, in der Farber dennoch gemäß *wu-wei*, dem taoistischen Prinzip des „Nicht-Handelns", ziemlich alles so verrichten konnte, was er nur wollte. Aber nichts wies er so abschätzig von sich wie eine pretentiöse, dominierende Besserwisserei, besonders wenn diese von philosophischen Kollegen vorgebracht wurde. So wie in seiner Ausbildung sich die Traditionen des Alten Europas und des Neuen Kontinents kreuzten, so verriet seine Persönlichkeit ein Gemisch von konservativen Wertgefühlen und fortschrittlicher Gesinnung, von fast patriarchalischer Autorität und liberal-permissiver Milde. Dem akademischen Lehrer Farber schien es in seinem Naturell zu liegen, das eigene Verhältnis zu seinen Schülern am glücklichsten zu preisen, wenn es sich dem orientalischen Vor-

bild vom Meister zu dessen Hauptlehrlingen näherte. Es entfaltete sich nicht nur wie von selbst eine herzliche Beziehung zwischen ihm und seinen Studenten aus Asien, besonders aus Indien und Korea; auch unter seinen amerikanischen Schülern entstand eine Anhängerschaft, die eine in diesem eher hemdsärmeligen Milieu anachronistisch anmutende Ehrfurcht und Treue bezeugte. Doch es war Farber selbst, der mit seiner einmaligen Verbundenheit zu Edmund Husserl das Antlitz eines ergebenen Schülers in der Philosophiegeschichte nachhaltig gezeichnet hat. Dies gilt, wie noch auszuführen ist, trotz der Tatsache, daß Farber sich schon früh in seiner Stellung als kritischer Interpret und gar Umbildner der Phänomenologie von der übrigen Anhängerschaft abhob und bald zu Husserl auf große Distanz brachte. Als Husserls Jahrbuch suspendiert wurde, nahm Farber in einem persönlichen Eid gegenüber seinem Lehrer die Fortsetzung dieses Jahrbuches in Amerika vor. Es war Jahrzehnte lang die „Sache selbst" seines Lebens, wenn er auch gewisse, komplexe Emotionen und Affekte von ihr nicht ganz auszuklammern vermochte, wie sie durch die turbulente Zeitgeschichte bedingt waren. Das Jahr 1939 markierte die Gründung der International Phenomenological Society in New York (26. Dezember), und Farber wurde zum Präsidenten gewählt. Im folgenden Jahr erschien die erste Nummer der *Philosophy and Phenomenological Research,* deren vierteljährliche Herausgabe Farber mit erstaunlicher Konsequenz durchführte bis Ende 1980, als er die zwei letzten Nummern zum ersten Mal in einem Doppelband drucken ließ. Unmittelbar angeschlossen an das ursprüngliche kommemorative Unternehmen für Husserl war dann ebenfalls der 1940 in Harvard herausgegebene Band, *Philosophical Essays in Memory of Edmund Husserl,* der neben einem bisher unveröffentlichten Manuskript von Husserl[1] Beiträge von folgenden

---

[1] Grundlegende Untersuchungen zum phänomenologischen Ursprung der Räumlichkeit der Natur, erschien als Supplement in Philosophical Essays in Memory of Edmund Husserl, Harvard University Press 1940, 305–325. Nach Farbers Anmerkung wurde das „sehr informale und unvollendete" Manuskript zwischen dem 7. und 9. Mai 1934 geschrieben und wurde dennoch für Farber zum Druck autorisiert.

Philosophen bzw. Gelehrten enthielt: Dorion Cairns, Marvin Farber, Aron Gurwitsch, Charles Hartshorne, W. E. Hocking, Gerhart Husserl, L. O. Kattsoff, Felix Kaufmann, Fritz Kaufmann, Jacob Klein, Helmut Kuhn, V. J. McGill, Alfred Schütz, Herbert Spiegelberg, Hermann Weyl, John Wild. Die Aufstellung deutet auf das Ausmaß der anfänglichen deutsch-amerikanischen Zusammenarbeit auf dem Gebiet der Phänomenologie hin. Drei Jahre danach gab Farber *The Foundation of Phenomenology*[2] heraus. Es war ein ausführlicher Kommentar zu Husserls früheren Werken von den *Logischen Untersuchungen* bis zu Teilen der *Ideen*. Mit einer eingehenden Schilderung der historischen Hintergründe der Entwicklung der Logik in Deutschland vor Husserl und didaktisch geschickter Paraphrasierung der idiomatischen Termini und Gedankengänge erwies sich dieses Buch als eine wertvolle Einführung in Husserls Phänomenologie und darüber hinaus als ein kritisches Nachschlagewerk über die ersten Phasen der Phänomenologie überhaupt. Mit der Veröffentlichung des Jahrbuches in der neuen amerikanischen Fassung, der Gedenkschrift und der *Foundation* führte Farber drei große Schritte durch, die für die Entwicklung der Phänomenologie in internationaler Sicht von kaum abzuschätzender Bedeutung waren. Aber auch in persönlicher Beziehung tat Marvin Farber nicht nur seinem alten Lehrer, sondern den aus Europa nach USA ausgewanderten Kollegen und unzähligen Nachwuchskräften im Umkreis der Phänomenologie einen Dienst, der durch nichts, durch keinen Umstand späterer redaktionspolitischer Befehdung oder gar persönlicher Anfeindung geschmälert werden sollte.

In der redaktionspolitischen Entscheidung der *Philosophy and Phenomenological Research* steckte allerdings seit den Anfängen der Herd der Zwietracht, vor allem zwischen Farber und der Generation der Emigranten. Diese wollten in der Zeitschrift hauptsächlich einen Sammelplatz der phänomenologisch

---

[2] Mit dem Untertitel Edmund Husserl and the Quest for a Rigorous Science of Philosophy, Harvard University Press 1942, 3. Aufl. State University of New York Press 1967.

geschulten Fachkräfte sehen oder auf alle Fälle ihre Kontinuität mit dem *Jahrbuch* stärker herausgestellt wissen. In der am Gründungstag der International Phenomenological Society verlesenen öffentlichen Erklärung heißt es, daß es der Zweck der Gesellschaft sei, „das Verständnis, die Entwicklung und die Anwendung der phänomenologischen Forschung, *so wie sie von Edmund Husserl inauguriert wurde,* zu fördern".[3] Wer diese Zielsetzung der Gesellschaft wörtlich genau nahm, hatte Grund, mit der verhältnismäßig beschränkten Gewichtsverteilung für die phänomenologischen Themen, wie es sich in der Praxis der Redaktion immer deutlicher herausstellte, unzufrieden zu sein. Aber Farber rechtfertigte seine Position mit dem Hinweis, daß „trotz der anfänglichen Deklaration der Gesellschaft das konkrete Programm der Gesellschaft und die Richtlinien des Journals schon von Anbeginn viel weiter konzipiert worden waren". Die neue Zeitschrift behalte zwar den Titel des berühmten Jahrbuches von Husserl, doch es sei „fest beschlossen worden, daß da hinfort kein Geist einer ‚Schule' oder Sekte sein sollte". „Der Entschluß", fuhr Farber fort, „Husserls Andenken zu ehren und seine positiven Leistungen fortzuführen, bedeutete in keinerlei Weise die Beschränkung der Zeitschrift auf seine Philosophie. Das Journal ermögliche ferner die Zusammenarbeit zwischen Phänomenologie und den übrigen Disziplinen und Forschungstendenzen, und die Beziehung zwischen Phänomenologie und Psychologie gehörte zu den sich wiederholt einstellenden Themen. Wenn auch das zentrale Interesse des Journals in der Philosophie als einer deskriptiven Disziplin lag, so sollte es gegenüber dem gesamten Gebiet der philosophischen Gelehrsamkeit in allen Ländern aufgeschlossen bleiben."[4]
Es ist nicht zu leugnen, daß Farber auf seine eigene Weise eine Folgerichtigkeit unter Beweis gestellt hat. So zum Beispiel

---

[3] Vgl. Farber, Phenomenology and Existence, New York 1967, 18 (kursiv vom Verf.).

[4] Ebd. 18f. Unter „deskriptiver Methode" verstand Farber nicht nur die phänomenologisch-deskriptive Methode im engeren Sinne, sondern weitläufig die Methoden der Statistik und der szientifischen Beobachtung. Vgl. ebd. 14f.

bewahrt er seine verehrende Haltung zu Husserl als Person und Philosoph bis zuletzt, auch wenn er die Phänomenologie als solche resolut in ihre Grenzen verwies und ihre spätere Entwicklung nicht mehr für einer mehr als kursorischen Aufmerksamkeit wert hielt. Auch trotz seines persönlichen Bekenntnisses zu einer materialistischen und „evolutionistischen" Auffassung der Gesellschaft und ihrer kulturellen Ausdrucksformen hielt er die Türen offen für jede rational verfechtbare oder de facto einflußreiche Strömung der Gegenwartsphilosophie, einschließlich jener „subjektiven" Denkrichtungen, die er am heftigsten kritisierte. Der Herausgeber Farber, der Andersdenkenden großzügig Gehör gab, war oft kaum wiederzuerkennen im Hörsaal, wo er, als Professor mit dem Seziermesser der Logik in der Hand, weder Unsinn noch Tiefsinn unversehrt zuließ. Aber inwiefern war seine Offenheit zu andersartigen philosophischen Ansichten ein aus dem denkerischen Grundsatz heraus zu verantwortender Entschluß? Oder war es nicht vielmehr ein aus verlegerischer Überlegung im Interesse des breiteren Publikums eingegangener Kompromiß? Diese Frage wäre überflüssig, hätte Farber nicht hin und wieder den zweiten Punkt, den Kompromiß im Hinblick auf die philosophische Situation in seinem eigenen Lande, zu verstehen gegeben in einer apologetischen Geste, wann immer die Frage nach der konsequenten Durchführung der ursprünglichen phänomenologischen Programme aufkam – eine Frage, die sich angesichts der lapidaren Überschrift seines Journals wie von selbst einstellte im Herzen derer, die sich mit „den Sachen" der Phänomenologie solidarisierten. So gab Farber in einem Bericht, „Aspekte der Philosophie in USA von 1940 bis 1946", den er in der *Zeitschrift für philosophische Forschung* wiederholte,[5] zu verstehen, daß die Phänomenologie in der Form, wie sie in Europa entstand und weiterentwickelt wurde, nicht rezipiert

---

[5] Dieser Bericht erschien ursprünglich in Les Etudes Philosophique 2 (1946) und wurde für die Zeitschrift für philosophische Forschung ins Deutsche übersetzt. Darin schrieb Farber: „So entwarf er (Farber) für die Phänomenologie ein nicht-idealistisches Programm, von dem allein anzunehmen war, daß es in Amerika Platz finden würde." (II [1947] 400)

werden konnte in dem andersartigen Klima, das nun einmal Amerika hieß.⁶

Diese Frage wäre auch nebensächlich, wenn Farber nicht gleichzeitig bemüht gewesen wäre, den Geist der phänomenologischen Forschung für sich in Anspruch zu nehmen und seine redaktionelle Politik mit denselben Mitteln zu verteidigen, deren sich seine Kritiker bedienten, um ihn der Abweichung oder gar der Abtrünnigkeit von dem Prinzip zu zeihen, zu dem sich ein Phänomenologe schlecht und recht bekennen müßte, wenn er ein solcher aus gutem Gewissen sein wollte. Bei dem genannten Prinzip und den Mitteln handelte es sich um das Kriterium der wissenschaftlichen Strenge sowie dessen Anwendungsmöglichkeiten. Paradoxerweise schien es aber um Husserls Phänomenologie so bestellt, daß sich der Kern dieses Grundsatzes geradezu

---

⁶ Ähnlich äußerte sich Farber zu Ludwig Landgrebe, als dieser 1971 zu einem Gastvortrag nach Buffalo kam und dem einstigen Studienkollegen in Freiburg i. Br. nach fast einem halben Jahrhundert wiederbegegnete. Als Landgrebe vom Tode Farbers erfuhr, schrieb er dem Verfasser einen Erinnerungsbrief, datiert 12. März 1981: „In Freiburg hatten die Mitglieder des Husserl-Seminars eine kleine ‚Phänomenologische Gesellschaft' unter Leitung von Oskar Becker (damals Assistent von Husserl) gegründet. Farber nahm an den Diskussionen eifrig und mit großer Sachkunde und ausgezeichneten Deutschkenntnissen teil. Er konnte freilich die Entwicklung von Husserls Denken nur so weit verfolgen, wie es bis zu seinen Vorlesungen über ‚Erste Philosophie' (1923/24) ausgebildet war. Es war eine Vorlesung, die uns allen große Schwierigkeiten machte. Ihre Bedeutung konnte überhaupt erst viel später aus einem Rückblick von der Spätphase von Husserls Phänomenologie in den dreißiger Jahren verständlich werden. Es war für Farber natürlich unmöglich, diese Entwicklung mitzuverfolgen, und er blieb auf das angewiesen, was er von Husserl in Freiburg gelernt hatte. 1971 erzählte er mir, wie nach seiner Rückkehr in die USA seine Situation dort sehr schwierig war, denn er war der einzige, der damals dort die Phänomenologie vertreten konnte. So mußte er für ihr Verständnis überhaupt einmal erst die elementaren Voraussetzungen schaffen. Wie Sie auch wissen werden, wurde es vielfach von den amerikanischen Phänomenologen kritisiert, daß sich Farber in dieser Aufgabe auf manche Kompromisse einlassen mußte. Aber im Rückblick sollte man vor allem die redliche Mühe und den guten Willen dankbar anerkennen, von denen er immer geleitet war."

in den großen Zügen seiner Variierbarkeit auflöste. Farber konnte deshalb nicht nur Heidegger, Scheler und Merleau-Ponty verwerfen, weil diese in Abweichung von der streng deskriptiven Leitidee der Husserlschen Phänomenologie methodisch und wissenschaftlich unverantwortbare Ausgeburten wie „Existentialontologie", „philosophische Anthropologie" oder eine in rein subjektiver Wahrnehmung verkapselte Beschreibung der „Lebenswelt" hervorbrachten. Er wußte auch, gerade seine eigene Opposition zur phänomenologischen „Schule" durch Rekurs auf den Geist der Husserlschen Lehre zu rechtfertigen. Solche „Opposition zu den Schulbildungen im herkömmlichen Sinne und der Geist der Bereitschaft, eigene Ideen und Forschungsresultate zur Verfügung zu stellen zum Zweck ihrer *weiteren, unabhängigen Anwendung* durch die Wissenschaftler in allen Gebieten und Traditionen", schrieb er ganz im Stil der Husserlschen Didaktik, „waren in der Tat typisch für Husserl".[7] Selbstverständlich sollte nicht jede beliebige, unabhängige Anwendung der Gedanken des Meisters im Namen der phänomenologischen Praxis legitimiert werden. Der zur Unterscheidung der Spreu vom Weizen unerläßliche Maßstab hieß bei ihm allemal „deskriptiv und wissenschaftlich".

II.

Es war charakteristisch für Farber, daß er je nach der Situation und je nach dem Kenntnisstand derer, mit denen er über die Phänomenologie zu reden hatte, eine doppeldeutige Haltung einnahm. So sprach er vor seinen amerikanischen Studenten anders als vor einem Besucher, der in Louvain, Köln oder Freiburg i. Br. beim Husserl-Archiv gewesen war. Seine zweigleisige Einstellung kam bereits in der Konzeption der Ziele des Journals zum Ausdruck. Einerseits beschwor er die treue Einhaltung der von Husserl eingeschlagenen Denkwege, andererseits

---

[7] Phenomenology and Existence, 19 (kursiv vom Verf.).

begründete er den Bruch mit der „isolationistischen Politik des *Jahrbuches*" damit, daß „anderenfalls ein *modus vivendi* (der Zeitschrift) in USA schwerlich hätte gesichert werden können" (ebd.). Man könnte versucht sein, die ursprünglich genuin vorhandene Motivation, Husserls Lebenswerk zu ehren, hinter der „pragmatischen" Erwägung ganz zurücktreten zu lassen und den publizistischen Erfolg des Farberschen Journals als den allmählich allein maßgebenden Grund seines Gesinnungswandels darzustellen. In der Tat war PPR im Umkreis der philosophischen Periodica darin einmalig, daß es von demselben Gründer vierzig Jahre lang geführt wurde, ohne daß dieser auf ständige Unterstützung durch eine Stiftung angewiesen war. Mit einer Auflagenhöhe von nahezu dreitausend und mit einem Vertrieb in über sechzig Ländern war PPR praktisch finanziell selbständig, obwohl es mit der Universität Buffalo bezüglich der Unterhaltung einer Redaktionsassistentin einen Vertrag einging, der oft auf Schwierigkeiten stieß. Indessen sollte es nicht verkannt bleiben, daß sich hinter Farbers publizistisch-redaktionell realistischen Überlegungen auch ein wahrhaft philosophisch motivierter Wandel vollzog, von dem es Rechenschaft abzulegen gilt. Die Tragweite dieses Wandels der Gesinnung allein Farbers Person anzulasten, hieße die Prägekraft der amerikanischen Philosophietradition zu unterschätzen. Es sei daran erinnert, daß Farber sich bei der Adoption der weltoffenen Redaktionsgrundsätze der Zeitschrift nicht nur auf den Geist von Husserl, sondern auch auf den „verwandten" Geist von William James berufen hatte. Den Hinweis auf James verband Farber mit der Herausstellung der einheimischen Überlieferung in Amerika, die ganz unabhängig von Husserl so etwas wie eine „deskriptive Philosophie der Erfahrung" zur Geltung brachte, welche Farber nun in den Begriff der Phänomenologie in einem *erweiterten* Sinne aufnahm.

Die Kehrseite dieses etwa vom Gesichtspunkt des amerikanischen Pragmatismus aus erweiterten Phänomenologiebegriffs war zugleich die Einschränkung der Husserlschen Phänomenologie auf ihre erste Phase, die Farber von der späteren, transzendental-idealistischen Phase strikt unterscheiden zu müssen glaubte. Die von Farber so mit Vorliebe verwendete Bezeichnung „Naturalismus" mag, ohne daß er es selbst im einzelnen begründet hätte, in zweifacher Hinsicht als „Naturalisierung" der Husserlschen Phänomenologie ausgedeutet werden. Einmal unterzog sich die Philosophie Husserls einem mehr oder weniger passiv zu erleidenden Prozeß der „Einbürgerung" in das neue geistige Klima der Vereinigten Staaten. Zum anderen tritt der Begriff der *Natur,* im polemischen Gegenzug zu Husserls *Bewußtsein,* als das eigentlich tragende Prinzip der Philosophie hervor, die Farber zunächst im Sinne der reformierten Phänomenologie, dann später allerdings als seine eigene Position entfaltete. Der Einwanderungsprozeß der Phänomenologie wurde zu einem gewissen Grade dadurch erleichtert, daß eine deskriptive Philosophie der Erfahrung nicht nur durch James angebahnt wurde, sondern in noch bedeutenderem Maße bereits in dem Vorgang von Charles Sanders Peirce einen festen Boden gewann. Farber sah darüber hinaus in John Dewey, C. J. Ducasse und C. I. Lewis eine gemeinsame Zielrichtung, eine mit kleiner Vorzeichenänderung allesamt in den breiteren Strom der deskriptiven Phänomenologie einreihbare philosophische Bestrebung. Während dieser Anpassungsphase suchte Farber selbst Husserls Phänomenologie vor allem aus ihren „idealistischen Verflechtungen" zu befreien und sie nach dem Gesichtspunkt der logisch und methodologisch schärfer kontrollierten szientifischen Philosophie umzuschreiben. *The Foundation of Phenomenology* war ein solcher Entwurf in größerem Umfang, obwohl Farber bereits mit seiner Dissertationsarbeit, *Phenomenology as a Method and as a Philosophical Discipline* (1928) die zukünftige Assimilation und Revision der Phänomenologie in einigen Zügen vorwegnahm. Mit diesem Programm ging der Versuch einher, historische und sachliche Anhaltspunkte, soweit sie sich aus der einheimischen Überlieferung im Verhältnis zu Husserls Gedanken als verwandt ergaben, so zwanglos wie möglich in das Konzept der deskriptiven Phänomenologie aufzunehmen. Assimilation und Ausgleich in diesem neuen wissenschaftlichen Milieu kamen sinnbildlich dadurch zustande, daß sich beispielsweise der Begriff der verschiedenen Horizonte in Husserls Denken mit der Umwelttheorie von George Herbert Meads Kulturanthropologie verschmelzen konnte. Mit seiner Arbeit, die in Fortsetzung des 1932 erschienenen Werkes, *Der sinnhafte Aufbau der sozialen Welt*, unter dem Titel *Collected Papers* in englischer Sprache vorliegt, ging Alfred Schütz in dieser Richtung ein bedeutendes Stück voraus.

Für die Würdigung der Rolle, die Farber in der Geschichte der phänomenologischen Entwicklung in Amerika gespielt hat, ist jene zweite Phase der „Naturalisierung", in der er Phänomenologie gegen Phänomenologie in Frage stellte, womöglich noch wichtiger. Denn oft kann die Bedeutung einer großen Philosophie noch hellsichtiger mit dem Auge eines Kritikers gesehen werden, der Abstand und Anteil gleichermaßen wahrt und in der Lage ist, sich frei innerhalb und außerhalb der von dieser Philosophie errichteten Mauer zu bewegen. Naturalismus im Hinblick auf diese zweite Phase der Kritik und Auseinandersetzung mit der Phänomenologie bedeutete also „Naturalisierung" in dem Sinne, daß es nun für Farber als die eigentliche Sache galt, die von der transzendentalen Subjektivität so verschmähten Begriffe wie „natürliches Bewußtsein", „natürliche Einstellung", „Naturwissenschaften" und „Natur" überhaupt in ihrem Eigenrecht zu rehabilitieren. Daß eine konsequente Durchführung dieses Vorsatzes dann nicht mehr auf dem von Husserl vorbereiteten Boden der konstitutiven Phänomenologie geschehen konnte, sondern einer grundsätzlichen Neuorientierung bedurfte, lag auf der Hand. Farber stand daher den zeitgenössischen Versuchen über Kosmologie oder Naturphilosophie (entweder im Einvernehmen mit den modernen wissenschaftlichen Einsichten wie im Falle von Whitehead oder im Rückgriff auf die antike Anschauung wie im Falle von Gerhard Krüger oder Karl Löwith) mit einem gewissen Sympathiegefühl gegenüber. Aber solange er solche Anschauungen wiederum auf spekulative oder reduktionistisch konstruierte Voraussetzungen zurückführen zu können glaubte, hielt er auch zu ihnen skeptische Distanz.[8]

---

[8] In seinem Aufsatz Pervasive Subjectivism schreibt Farber: „Die Gültigkeit einer streng kontrollierten Forschungsmethode auf einem wohldefi-

Selbst bei der Bemühung, das verkannte Recht der Natur gegenüber dem Primat des Bewußtseins wiederherzustellen, verdächtigt sich die Philosophie eines idealistischen Fehlschlusses, wenn sie mit dem *Begriff* der Natur, ihrer „transzendentalen" Einheit oder ihren „apriorischen" Formen, über die seiende Natur hinausschösse und es unterließe, die künstliche Bedingtheit solcher begrifflichen Apparatur vorbehaltlos einzugestehen. Zweideutigkeit in diesem Zusammenhang beeinträchtigte nach Farbers Ansicht sogar die sonst definitionsmäßig so umsichtige Arbeit von Whitehead. Farber warf ihm z. B. die „Hypostasierung" des Begriffs der vom Menschen vorgestellten Gegenstände (objects) vor, welche gemäß dem naturalistischen Grundsatz stengstens von wirklichen Vorkommnissen (events) in der raumzeitlichen Welt unterschieden werden müßten.[9]

Ohne Zweifel stand Farber mit dieser „instrumentalen" Auffassung der begrifflichen *Hilfs*-Mittel sowie mit seinem allgemeinen Bekenntnis zum Naturalismus tief in John Deweys Schuld. Dewey, der jedermanns Vorstellung eines robust-optimistischen amerikanischen Philosophen am ehesten entsprach, ging in gewisser Hinsicht Farbers Denkweg voraus. Auch Dewey befaßte sich in seinen früheren Jahren mit der deutschen Philosophie, studierte Kant eingehend, und mit seiner Beherrschung der Sprache der Dialektik war er eine Zeitlang im Herzen ein Stück Hegelianer, der sich in der Kunst der Vermittlung von Gegensätzen vorzüglich auskannte. Nichts von alldem war an ihm

---

nierten, in sich geschlossenen Gebiet, wie es die ‚reine Subjektivität' darstellt, darf anerkannt bleiben, obwohl ich darauf bestehe, daß diese Forschungsmethode bloß als eine unter anderen angesehen werden müsse. Diese pluralistische Ansicht über die Forschungsmethoden macht einen besonderen Appell auf ‚Spekulation' als solche überflüssig. Die Spekulation hat sich in der Vergangenheit so oft zu Abenteuern hergegeben, die nicht notwendig einer logischen Kontrolle unterlagen. Falls mit Spekulation in einem konstruktiven Sinne so etwas wie ein freies Spiel der Imagination gemeint und es im Interesse der Erklärungsschemata oder Forschungsentwürfe konzipiert sein sollte, so mag es dabei behilflich sein, den Weg zu einer mehr fruchtbaren, kooperativen Arbeit in der Philosophie zu weisen." (PPR XXV, No. 4 [June 1965] 532)

[9] Phenomenology and Existence, 164.

später bemerkbar. Sollte man dennoch eine Spur ausfindig machen, hätte man eine solche darin bestätigt, daß er das gängige Subjekt-Objekt-Schema resolut aufhebt, allerdings in einer naturalistisch vereinfachten Perspektive. „Atmen", so heißt es in *Human Nature and Conduct,* „ist ebensosehr die Sache der Luft, wie es zugleich die Angelegenheit der Lunge ist. Das Gehen bedeutet ebensosehr den Erdboden wie die Füße; das Sprechen bedarf der Luft, der menschlichen Gemeinschaft und Zuhörer genauso wie des Sprechorgans."[10] Das Denken konnte demnach nicht mehr die Sache eines reflexiv auf sich selbst bezogenen Bewußtseins sein, wie er es bei Kant einseitig entwickelt sah. Dewey weigerte sich daher, der für Kant so zentralen „transzendentalen" Fragestellung die von diesem selbst stolz beanspruchte „kopernikanische" Bedeutung zuzuerkennen. Vielmehr rechnete er es sich als sein eigenes Verdienst an, diese revolutionäre Wende in der Philosophie mittels seines Instrumentalismus vollzogen zu haben.

Marvin Farber folgte Dewey dicht auf den Fersen und ließ die phänomenologische Bewegung, der er gewissermaßen selber in Amerika zum Leben verholfen hatte, an sich vorbeiziehen; denn von einer transzendentalen Wendung der Husserlschen Philosophie versprach er sich keine Lösung der wirklichen Probleme. Farber teilte nicht nur mit Dewey die pragmatische Überzeugung, wonach das Denken sich in den Dienst der sozialen Probleme zu stellen hatte, sondern er sah auch mit dem Auge von Marx, daß solche Lösungsversuche womöglich nach Änderung der bestehenden gesellschaftlichen Verhältnisse verlangten. Doch er selbst legte sich nirgends auf eine schriftliche Äußerung

---

[10] John Dewey, Human Nature and Conduct, New York 1922, zitiert nach der Modern Library Ausgabe von 1957, 14. Dewey sah das Denken in seiner *organischen* Funktion innerhalb der Natur als einen evolutionistischen Prozeß, der noch nicht abgeschlossen ist. Farber beruft sich auf diesbezügliche Bemerkungen von Dewey in Experience and Nature (Chicago 1925, 295) und hebt hervor, daß bei Dewey so etwas wie eine „reine Erfahrung" oder „reine Form" losgelöst von der kausalen Ordnung der natürlichen Welt gar nicht in Frage kommen konnte: Phenomenology and Existence, 17.

fest, die eine gewaltsame Herbeiführung solcher Zustände befürwortet hätte. Das Vorbild schien ihm abermals in Deweys Pragmatismus vorgezeichnet, demgemäß die menschliche Natur pädagogisch lenkbar und gesellschaftliche Probleme lösbar wären durch die optimale Anwendung und Zusammenwirkung aller wissenschaftlichen Forschungsergebnisse. Subjektivismus stand hingegen nach Farber in einer selbsterzwungenen Isolation, abseits der gesellschaftlichen Entwicklung. Aus dieser extrem egozentrischen Sicht heraus übertrug der Subjektivismus seine eigene Unfähigkeit, sich den praktischen Problemen zuzuwenden – geschweige denn sie zu lösen – auf das „Wesen" der Philosophie als solcher. Wer, wie Husserl, die „reine Subjektivität" zum Ausgangspunkt nahm, klammerte mit gutem Vorsatz die seiende Welt mitsamt der physischen und sozial-geschichtlichen Wirklichkeit aus. Um überkommene, unbegründete Vorurteile auszuschalten, um nur das vor dem Gericht der Vernunft als „evident" Ausgewiesene zuzulassen und sich des wesenhaft Allgemeinen zu vergewissern, hatte die Phänomenologie ein Reduktionsverfahren entwickelt, das dieser Aufgabe in einer vortrefflichen Weise gerecht wurde. Farber gab wiederholt zu, daß in dieser begrenzten Hinwendung zu einer rein subjektiven Wirklichkeit Husserl „eine eindrucksvolle Klarheit und lohnende Einsichten" mittels der deskriptiven Analyse geliefert hatte.[11] Er erinnerte sich z. B. an „seine sorgfältige Beschreibung des Zeitbewußtseins und seine Studien über die Philosophie der Logik". Husserls ‚*Formale und transzendentale Logik*' und ‚*Erfahrung und Urteil*' hätten „ihren Platz unter den gewichtigen Beiträgen zur Philosphie der Logik eingenommen".[12] Doch die phänomenologische Reflexion hätte sich gerade darin nicht „radikal" genug gezeigt, daß sie sich über die Grenzen ihrer eigenen Anwendungsmöglichkeit nicht im klaren war. Reine Subjektivität wäre ein künstliches Hilfsmittel wie jedes andere, dem ein bestimmter Anwendungsbereich und eine bestimmte

---

[11] Phenomenology and Existence, 22, 197.
[12] Ebd. 10.

Anwendungsvorschrift zukämen. Sie wäre eine fiktive, ja „falsifizierte" Sphäre, oder eine Region der idealisierten Wesenheiten. Unbegründete Ausdehnung und Strapazierung dieses methodischen Prinzips geschahen tatsächlich, als statt Wesenheiten Existenzen beschrieben und die Grenzen zwischen Sinn und Sein, zwischen psychischen Erlebnissen und ontologischen Bestimmungen verwischt wurden. Statt Urteilsenthaltung übte die Phänomenologie Polemik gegen die natürliche Einstellung und erging sich in „Diffamation" gegenüber der objektiv-wissenschaftlichen Befangenheit des zeitgenössischen Denkens.
Verschanzt in seiner luftleeren Nische der transzendentalen Subjektivität vermochte Husserl schließlich nicht mehr wahrzunehmen, daß der Weg zurück zur Wirklichkeit versperrt war und es daher eines anderen Ansatzes bedurfte, um sich von dieser „methodogenen" Ausweglosigkeit zu befreien. Unter „methodogen" verstand Farber jene Problemlage, in die man sich verwickelt sieht aufgrund der verfehlten Anwendung der Methode, zumeist durch Überbeanspruchung derselben. Der cartesische Zweifel an der Existenz der körperlichen Dinge stammt ebenfalls aus einer solchen Verabsolutierung des Bewußtseins. Farber wies darauf hin, daß bei Peirce mit seiner „vor-reduktionistischen" Phänomenologie eine solche Gefahr nicht bestehen konnte. Denn für ihn hieße die transzendentale Reduktion soviel wie der Entschluß, bei einem umfassenden und komplexen Forschungsunternehmen sich auf die Bewußtseinserfahrung eines einzigen Individuums zu stützen. Philosophie bildet aber keine Ausnahme, und ein Philosoph hätte erst recht seine Abhängigkeit von dem gegebenen Stand der Forschung in mannigfachen Disziplinen als die Bedingung seiner eigenen Tätigkeit mit in Rechnung zu ziehen. Peirce begann also mit einer „intersubjektiven Sphäre, mit einer Gemeinschaft von Erkenntnissubjekten (society of knowers)", die untereinander ihre individuellen Forschungsergebnisse auszutauschen und dadurch in ihrem Wissen einander zu unterstützen hatten.[13] Was Farber im Zuge seiner

---

[13] Ebd. 15.

methodologischen Überlegung „Pluralismus" nannte, lief letzten Endes auf die Idee einer Kooperation zwischen verschiedenen wissenschaftlichen Verzweigungen und Verfahrensweisen hinaus. So wie der Standpunkt „Naturalismus" teils im Gefolge von Dewey, teils aber auch bei kritischer Auseinandersetzung mit Husserl an Bestimmung und Umfang gewann, so war Farbers methodologische Position in ihrer Herkunft ebenfalls von diesen zwei Faktoren bestimmt. Zunächst scheint die einfache Feststellung nötig, daß Farber wie Peirce vom Faktum der Wissenschaften ausging und unter Pluralismus der Methoden die Vielfalt der je nach Gegenstandsbereich und Forschungsziel voneinander abweichenden und nicht prinzipientheoretisch reduzierbaren Verfahren verstand. Aber diese Feststellung gibt noch keine Auskunft darüber, ob die Beziehungen zwischen Methoden nicht auch im Sinne des Ressortstreites und der gegenseitigen Bekämpfung gesehen werden können. Wie stand Farber zu der Frage nach den Methoden, die die sogenannten Geisteswissenschaften eigens in Abweichung von den naturwissenschaftlichen Methoden für sich in Anspruch zu nehmen pflegen? Methodenpluralismus dürfte kein Deckname sein für einen Neutralismus, der dem Zustand der Unstimmigkeit zwischen Philosophen verschiedener methodologischer Überzeugungen gleichgültig gegenübersteht. Die Auskunft hierüber ist leider auffallend dürftig.

Dennoch darf man unterstellen, daß die Rede von einem Eigenrecht der geisteswissenschaftlichen Methode in dem Rahmen eines wie auch immer differenziert auslegbaren Naturalismus kaum angebracht sein würde. Freimütig gab Farber soweit zu, daß bei einer „pluralistischen" Ansicht die Gefahr bestünde, oft die in den Dingen der Natur vorhandenen „Muster der Einheit" (patterns of unity) oder die Systeme der Organisation zu verkennen, während umgekehrt der „monistischen" Ansicht häufig der Fehler der Übersimplifizierung unterlaufen könnte. Die Bedenken, daß der Naturalismus selbst möglicherweise einen solchen Fehler der Übersimplifizierung begehe, schloß er aus. „Ein fundamentaler ontologischer Monismus geht mit einem Pluralismus von ausgewählten Gegenstandsbereichen und Typen der Organisation einher."¹⁴ Mit diesen Worten unterstrich er abermals seine Überzeugung, daß die an sich seiende Natur im Grunde vom Menschen und von dessen Bewußtsein unabhängig sei, während allerdings zur Beschreibung der menschlichen und bewußtseinsmäßigen Phänomene eine Vielzahl von dafür eigens vorgesehenen Methoden erforderlich wäre. Sein Zugeständnis, daß durch diese Vielfalt von Methoden „die Eigentümlichkeit der menschlichen Erfahrung und Verhaltensweise anerkannt werden könne", mag aber kaum als ein zureichender Beweis seiner Offenheit zu jener Fragestellung gelten, welcher man etwa seit Dilthey den Begriff des „Geistes" oder „Lebens" zugrunde zu legen pflegt und welche sich bewußt von einer bloß „deskriptiven", naturwissenschaftlichen Methode abhebt. Für die zu einem bloß deskriptiven Instrument zurechtgestutzte phänomenologische Methode dagegen sah Farber keine Schwierigkeit, eine positive Rolle innerhalb des Pluralismus von Betrachtungsweisen zu finden. Die Phänomenologie mit ihrer obliquen Einstellung, d. h. mit ihrer ausschließlichen Hinwendung zum Bewußtseinsleben liefere lediglich eine „Querschnittansicht" (cross-sectional view), während die objektiv-wissenschaftliche Methode eine „Längsschnittansicht" (longitudinal view) darstelle. Ihr Hauptzweck ist Klärung der Bewußtseinserfahrung, deren Struktur gleichsam im Zustand des eingefrorenen Gewebes unter künstlicher Beleuchtung beobachtet wird. Da Bewußtseinsleben nach Farber niemals den Stellenwert einer alle Existenzen in ihren Strukturen erhellenden allgemeinen Optik haben kann, sondern selbst eine Seinsweise des unter anderen Existenzen vorkommenden Seienden darstellt, kann diese „Querschnittansicht" niemals den Anspruch auf die Vorrangigkeit vor allen anderen Methoden erheben. Erst durch die Längsschnittansicht läßt sich das, was Peirce und Dewey „Kontinuum der Erfahrung" nannten, klar vor Augen führen. Erst unter diesem Gesichtspunkt begreift jeder Forscher die untergeordnete Stellung seiner eigenen Erkenntnistätigkeit, nämlich, daß sie

---

¹⁴ Ebd. 165.

eine bloß vorübergehende Etappe ist im Fluß der gemeinschaftlichen Entwicklung der Wissenschaft, bedingt durch vorhergehende Stufen der Forschung und diktiert von realen und idealen Interessen, Bedürfnissen und Motivationen des Lebens.

III.

Seit Husserls Analyse des inneren Zeitbewußtseins, aber noch massiver durch die Auswirkung der Zeit-Interpretation in Heideggers Hauptwerk, hat sich in den weiten Fronten der phänomenologischen Forschung der Glaube eingebürgert, daß der lebendige Fluß des Zeiterlebnisses, ja überhaupt die unmittelbare Wirklichkeit als solche, nur mittels der konstitutiven Analysen der Phänomenologie adäquat beschrieben werden könne. Jene von großer Hybris getragene, sich durch Husserls Spätwerk hindurchziehende Anstrengung, den heraklitischen Fluß als Fluß in den Griff zu bekommen, und die eindringliche Herausstellung der temporalen Struktur des Daseins in *Sein und Zeit* haben dazu beigetragen, daß man als Phänomenologe Zeit und Geschichte beinahe als Spezialaufgabe für *seine* transzendentale Reflexion hinstellt und demnach der objektiv-wissenschaftlichen Einstellung die Fähigkeit abspricht, dieser so fundamentalen Thematik angemessen zu begegnen. Indessen erhebt sich vom umgekehrten Gesichtspunkt aus die Frage, ob man dabei die wirkliche Geschichte vor Augen hat oder die bloß innerlich erlebte Zeitform eines denkenden Subjekts und ob der Zugang zur objektiven Geschichte denn wirklich nur von dieser subjektiv-formalen Bedingung zum Erleben der Zeit aus gesichert werden kann. Ist die Frage nach den „Bedingungen der Möglichkeit" von so etwas wie der Geschichte gleich bedeutend wie die Frage nach den Bedingungen der Möglichkeit irgendeiner Wissenschaft? Oder hätte man nicht vielmehr von Geschichtswissenschaft oder Geschichtswissen reden sollen, statt so breitspurig und uneingeschränkt von der *Geschichte* als solcher? Farber fand die ganze Bemühung, aus dem inneren Zeitbewußtsein die Zeit als solche und aus der Zeitlichkeit des menschlichen Daseins die

Geschichtlichkeit selbst abzuleiten, „abwegig" und „bizarr". Die transzendentale Fragestellung kann höchstens die *Bewußtseins*struktur hinsichtlich der menschlichen Zeiterkenntnis und Geschichtserkenntnis erklären. Sie kann aber nicht derart über die Bedingungen der Möglichkeit der objektiven Zeit und der objektiven Geschichte aussagen, als handle es sich hier um eine Seinsbegründung statt einer Erkenntnisbegründung.
Das Kontinuum des gesellschaftlichen Lebens ist offenbar das jedem einzelnen Subjekt gegenüber Transzendente, ihm Vorgegebene, das sich nicht so ohne weiteres hereinzwängen läßt in *a priori* gültige Formen des Bewußtseins, auch wenn diese ihrerseits sich als „Strom" konstituieren und daher in rein subjektivformaler Hinsicht die allen objektiven Sinnleistungen zugrunde liegende Synthese und Kontinuität vorwegnehmen sollten. Von dieser Querschnittansicht mag man zugestandenermaßen einen Einstieg finden in eine andere Querschnittansicht, so daß es einen durchaus berechtigten Versuch darstellen würde, die transzendentale Phänomenologie auf eine „hermeneutische" Richtung hin umzubiegen, um die Möglichkeit des „Verstehens" zwischen zwei Welten zu begründen, die durch einen Zeitabstand getrennt sind. Aber auch hier erhebt sich die Frage, ob von einer je-meinigen, zu sich selbst und zu seiner Endlichkeit entschlossenen Existenz aus etwas grundsätzlich anderes als die eigene Entwurfsmöglichkeit erfahren werden kann. Farbers Kritik am Subjektivismus hob diese Selbstbefangenheit als seinen größten methodischen Mangel hervor und stellte den Sinn der „Kontinuität" in Frage, die angeblich durch das Subjekt aufgrund seiner temporalen Struktur „gestiftet" werden soll. Die Längsschnittansicht weiß indessen von einer andersgearteten Kontinuität. Diese mag von der transzendental-phänomenologischen oder existential-ontologischen Sicht aus wie unverbindlich und zusammenhanglos erscheinen, weil eine direkte Verbindung zu dieser Kontinuität ein kritikloses Hinnehmen der Konvention bedeuten könnte. Aber der Wirkungsmodus der Wissenschaft ist nicht reduzierbar auf einen einzigen Standpunkt, mag er noch so transzendental geläutert und uneingeschränkt rezeptiv sein zu allem, was ihm als möglicher Gegenstand des Wissens entgegen-

treten kann. Was sich aus dem Prozeß des gemeinschaftlichen Forschungsunternehmens als Konsens herausschält, ist stets mehr als ein im faktischen Nachvollzug der Reflexion einholbares, weil eine wahre Intersubjektivität, die hier vorausgesetzt wird, nicht nur intersubjektive Vertauschbarkeit der bereits etablierten Erkenntnisse, sondern auch die Unabschließbarkeit (open-endedness) der über die Köpfe der einzelnen Forscher hinweg immer fortschreitenden Erkenntnisvorgänge bedeutet. Auch die Rede vom offenen Horizont hilft hier nichts, solange alle „Unbekanntheitshorizonte" als die *noch nicht* bekannten Horizonte resolut auf das Subjekt bezogen und bereits von diesem als potentiell erfahrbare Horizonte antizipiert und aus der Sphäre der Kontingenz, der „unreinen Fakten" (impure facts), zurückgezogen werden.

Anhand einer Kritik an Merleau-Ponty tat Farber die phänomenologische These ab, daß Zeit oder Geschichte sich als solche nur begreifen lassen, wenn ihnen ein zeitlich existierendes Subjekt gegenübersteht, denn, wenn sie richtig wäre, gäbe sie ein bloß „analytisches Urteil". Richtig kann sie aber nur sein im Hinblick auf die bereits in die Bewußtseinshorizonte eingegangenen Teile der Geschichte, so daß das Bewußtsein in einem reflektierenden Verfahren die Strukturen und Relationen der eigenen Erfahrungsweise bezüglich dieser Geschichte klären kann. Aber eine analytische Aussage kann auch falsch sein, wenn sie, wie im vorliegenden Fall, die erkenntnistheoretische Begründung mit einer ontologischen Fundierung verwechselt und die faktische Geschichte von der „reinen" Möglichkeit der Erfahrung der Zeitlichkeit durch ein Subjekt abhängig macht. Worauf es in unserer geschichtlichen Erfahrung wirklich ankommt, ist *Bereicherung* des Wissens, und in dieser Bemühung müssen die Menschen „auf dem Boden der kontingenten Fakten operieren". „Daß hier eine nie aufhörende Fallibilität das Los dieser Menschen ist, die sich mit solchen Fakten befassen, sollte kein Hindernis (in der Wahrheitssuche) bedeuten."[15] Angesichts der

---

[15] Ebd. 126. Daß Fakten oder Tatsachen allein keine wissenschaftliche Erkenntnis ermöglichen, versteht sich. Farber möchte eher die unerläßli-

unübersehbaren Ausdehnung der Zeit rückwärts und vorwärts wären Demut und Bescheidenheit die erstrebenswerte Bewußtseinshaltung. Dem heraklitischen Spruch, daß diese Welt, dieselbe für alle, weder von irgendeinem Gott noch von irgendeinem Menschen erschaffen worden sei, fügte Farber also den Zusatz hinzu, daß sie noch weniger von irgendeinem „transzendental-konstitutiven Ego" geschaffen sein könne. „Die Welt war und wird sein eine prä-existierende Domäne, in der der Mensch bestrebt ist, sich einen besseren Platz zu sichern, zu welchem Zweck alle Erkenntnisrichtungen bloße Mittel sind."[16] Hinter seiner ontologischen Grundthese taucht somit ein ethischer Pragmatismus als das eigentliche Anliegen auf, das keiner Rechtfertigung bedarf und dem alle Theorienbildungen schließlich zu dienen haben. Das Zugeständnis vom unabhängigen Sein der Welt soll den Philosophen nicht daran hindern, diese seiende Welt der Natur fraglos dem Wohl des Menschen unterzuordnen und dadurch die von dem ontologischen Grundsatz geforderte Wertneutralität wieder aufzuheben. Trotzdem fand Farber bei dieser homozentrischen Ausrichtung des Pragmatismus, den Dewey vertrat, eine auch in rein theoretischer Beziehung befriedigendere Einsicht in die Bestimmung des Menschen, als sie etwa bei Max Schelers philosophischer Anthropologie dargelegt wurde. Schelers phänomenologische Einstellung hinderte ihn von vornherein, die „evolutionistische" Seite des Menschen gebührend zu würdigen. Denn sie behielt, trotz des einleitenden Zugeständnisses der reichhaltigen Erkenntnis der modernen Anthropologie, nur das „Ewige im Menschen" im Auge, während Dewey die biologischen und soziologischen Forschungsresultate viel wirklichkeitsgemäßer in seinem Menschenbild verarbeiten konnte.[17]

---

che Rolle der „Reduktion" in zweifacher Hinsicht, als Ausschaltung der Vorurteile und als Beschränkung auf Wesensstrukturen, für jede philosophische Kenntnis in Anspruch nehmen, „obwohl nicht alle Philosophen die Sprache Husserls verwenden". Ebd. 32.
[16] Ebd. 135.
[17] Ebd. 183.

Farbers erklärter Widerstand gegen jegliche Art von Subjektivismus lädt wie selbstverständlich zur Frage ein, ob er jemals als Phänomenologe die transzendentale Reflexion bis zum Ende zu vollziehen gewillt war oder ob er die Phänomenologie als Methode in all ihren differenzierten Stufen genügend zu würdigen vermocht hat. Er wußte drei Annahmen zu unterscheiden, die jeweils gesondert oder miteinander verbunden in einer vom Erkenntnissubjekt ausgehenden Philosophie zum Vorschein kommen. 1) In einem erkenntnistheoretischen Subjektivismus erkennt der Mensch nur den Inhalt oder Zustand seines eigenen Gemüts. 2) Bei einem metaphysischen Subjektivismus ist alles Sein im Grunde Geist oder Idee, oder es ist konstruiert in dem Geist, der oft als „absolut" gesetzt wird. 3) Alle Erfahrung wird in einem besonderen reflektiv-deskriptiven Verfahren als „bewußtseinsmäßige" Erfahrung umschrieben, und in dieser Einstellung bleibt der Subjektivismus bloß im methodologischen Rahmen ohne Verbindung mit naheliegenden „idealistischen" und ontologischen Voraussetzungen. Farber sah Husserls Phänomenologie zuerst im Lichte dieser dritten Annahme. Aber sowie er die Bedeutung des Subjektivismus in den großen Epochen von Augustinus über Descartes, Berkeley bis Kant und Hegel anzuerkennen bereit war, so lieferte er auch für den Aufstieg der Husserlschen Phänomenologie eine Erklärung, die von jener Seite des differenzierten Einfühlungsvermögens bei Farber zeugt, die seine bisher nicht genügend gewürdigte Stärke darstellt. „Jede naturalistische oder physikalistische Aussage", ließ Farber wissen, „läßt sich in eine phänomenologische Sprache übersetzen, unterstützt durch den Begriff der Möglichkeit." Diese Bemerkung ist insofern außergewöhnlich, als Farber hier von seiner bekannten Abgrenzung der Phänomenologie als rein dem Innenleben des subjektiven Bewußtseins zugewandten Philosophie abgeht und ihr die Sphäre der Natur und der physikalischen Begebenheiten halbwegs offenhält. Transzendentale Reflexion wäre demnach vertauschbar mit den Einsichten der übrigen empirischen Wissenschaften, und Farber gab zu, daß „eine formale Operation mit der phänomenologischen Sprache" statt mit den objektiv-wissenschaftlichen begrifflichen Mitteln

„möglich" ist. Er blieb aber nicht bei diesem Zugeständnis der Konvertibilität zwischen der physikalistischen und phänomenologischen Sprache stehen. Wäre die Phänomenologie bloß in der Lage, das, was die objektivistisch und wissenschaftlich orientierten Philosophien an ihren wesentlichen Einsichten gewonnen haben, ohne Sinnverschiebung in ihrer eigenen konstitutiven Analyse wiederzugeben, so hätte sie gewiß den großen Einfluß, den sie heute ausübt, nicht erreicht. „Da ist etwas mehr an dieser Philosophie", nämlich, daß mit ihr die „Versuchung" verbunden ist, „von da aus in die Ontologie vorzustoßen, indem man das Sein entweder vom ‚Erkanntsein' (being known) abhängig macht oder das erstere auf das letztere beschränkt".[18] Phänomenologie schließt in sich, mit anderen Worten, die Gefahr, ihre eigenen Schranken zu durchbrechen und statt von Bewußtseinsstrukturen von Weltstrukturen zu reden, und zwar in einer so umfassenden und entschiedenen Weise, daß sie sich dadurch de facto als die „letzte Zitadelle des Idealismus" etabliert hat. Obwohl Farber diese idealistische Philosophie als einen unüberwundenen Rest des „Irrationalismus" bekämpft, erkennt er den objektiven Grund für ihre Ausbreitung in der Tatsache an, daß der Subjektivismus heute „der wichtigste Ausdruck des Interesses am Überwinden der Endlichkeit" darstellt.[19] Das „Selbst" oder „Ego" in seiner Weltentfremdung wird zu einem selbstgenügsamen Prinzip (Prinzip der Aseität) gemacht, das sich selbst *setzt* und am Ende die gesamte Weltwirklichkeit ihrem „Seinssinn" nach setzt. Die „setzende Tätigkeit" (positing), die seit den Tagen des spekulativen Idealismus schon immer die „primäre Funktion des Subjektivismus" gewesen ist,[20] kommt dem Unbehagen des modernen Menschen mit seinem Bewußtsein der Endlichkeit sehr gelegen. Denn der leistende Sinn der Subjektivität ist dadurch zutiefst befriedigt, wenn die „natürliche" Welt „vernichtet" und an ihre Stelle eine vom Subjekt restlos begründete, „transzendental" konstituierte Welt gesetzt wird. Auf seinen

---

[18] Ebd. 73.
[19] Ebd. 196.
[20] Ebd. 97.

objektiv gesellschaftlichen Hintergrund zurückgeblendet, erscheint diese ganze Bewegung allerdings nicht anders als „reaktionär". Denn sie verkennt nicht nur die Abhängigkeit des Bewußtseins vom Sein (der Natur), sondern sie bleibt Stein des Anstoßes für eine „evolutionistische" Auffassung der Natur und Geschichte. Der zeitgenössischen Philosophie der Endlichkeit, die von der Phänomenologie zur Existenzphilosophie fortschreitend radikalisiert wurde, versuchte Farber dadurch entgegenzutreten, daß er sich weigerte, die Sprache seiner früheren Mitarbeiter oder Gesinnungsgenossen mitzusprechen, um deren erhöhten Anspruch auf das rechte Maß zu stutzen. Bis 1959 verwendete er beispielsweise selber den Ausdruck „phänomenologische Bewegung", von der und für die seine eigene Zeitschrift zumal inspiriert und inspirierend wirkte. Aber es war ihm nicht mehr recht, als Herbert Spiegelberg ein Jahr darauf unter dem gleichlautenden Titel ein zweibändiges Werk vor die Öffentlichkeit brachte. In einer polemischen Rezension mit der Überschrift „The Phenomenological Tendency" bestritt Farber rundweg, daß es sich bei der gegenwärtigen Weltlage der phänomenologischen Forschung um eine „Bewegung" handelte. Für ihn war es längst eine „gestaltlose Masse" (amorphous mass), ohne kohärente Richtung und klar gestecktes Ziel, seit sie aufgehört hat, streng wissenschaftlich und deskriptiv zu sein.[21]

Trotz alledem blieb Farber, als Herausgeber der *Philosophy and Phenomenological Research*, ein umsichtiger und kompromißbereiter Mann. Er hielt weltanschauliche und politische Neutralität ein und setzte seine redaktionelle Arbeit weiterhin mit dem Zugeständnis der hohen Sichtbarkeit für die Phänomenologie fort. Die Zeitschrift machte immer wieder in ihrer Eigenreklame deutlich, daß sie „Studien auf den umfänglichen Gebieten der

---

[21] The Phenomenological Tendency erschien in Journal of Philosophy LIX (1962) 429–439. Daraufhin gab Spiegelberg eine kurze Antwort in der gleichen Zeitschrift (LX [1963] 584–588). Farber brandmarkt Phänomenologie als eine neue Form des Subjektivismus, die von all den „gestaltlosen" Strömungen des vom „cogito" ausgehenden Denkens der Neuzeit die „offenste" (the most overt) ist. Phenomenology and Existence, 196 f.

Ethik und Werttheorien, Metaphysik, Ästhetik, Logik, Sprache, der politischen, sozialen und religiösen Philosophie, Erkenntnistheorie und der Wissenschaften (sciences) veröffentlicht"; aber sie tat dies „zusätzlich zur phänomenologischen Forschung". Sosehr er auch seine eigene Position unabhängig von der Phänomenologie im Geiste des aktiven sozialen Engagements zu profilieren suchte, der größte Teil seiner Publikationen wurde schließlich als Kritik der Phänomenologie konzipiert. Insofern blieb er in der Konsequenz von seiner Herkunft bestimmt und an sie gebunden. In seiner wechselnden Stimmungslage mag das ihm oft als kein geringer Trost erschienen sein. Denn er fühlte sich eher geschmeichelt, wenn man in ihm keinen bloß von der Phänomenologie abgewandten Denker, sondern einen noch aktiven Reformator und konstruktiven Kritiker derselben schätzte. Am Ende war es ihm eine das Fortbestehen seines Lebenswerkes betreffende Frage, daß jemand auf ihn folgt, der Ansehen sowohl unter den Phänomenologen als auch unter den einheimischen Philosophen im allgemeinen genießt.

Die letzte Phase der Übergabe der *Philosophy and Phenomenological Research* verlief in einer Situation, die dem rühmlichen Leben Farbers einen Schuß Tragik beimischte. Er war es nicht gewohnt, jemals einen zweiten Mann an seiner Seite zu dulden, solange er noch irgendwie arbeitsfähig war. Ein halbes Jahrhundert lang bestimmte er für den wissenschaftlichen Nachwuchs, was das Ziel sei. Vierzig Jahre lang war er der alleinige Herausgeber einer weltweit angesehenen Zeitschrift, während so manch anderes Journal entweder von mehreren Editoren abwechselnd geführt oder von unsteten Launen der Mäzene abhängig gemacht wurde. Erst als er mit einem fortgeschrittenen Nierenkrebs konfrontiert wurde, schickte er sich an, Professor Roderick Chisholm an der Brown University zum Associate Editor zu ernennen. Aber auch dann glaubte er, noch einige Jahre persönlich die Redaktion unter seiner Kontrolle halten zu können. Nach dem zweiten Rückfall jedoch, als es ihm klar wurde, daß er nur noch mit Tagen, vielleicht mit Stunden zu rechnen hatte, wurde der Transfer testamentarisch vollzogen. Zu diesem kritischen Zeitpunkt lag seine Frau selber wegen einer Herzoperation im Krankenhaus. Zusammen mit der Weigerung der Universitätsverwaltung in Buffalo, die sekretariale Unterstützung für die Zeitschrift aus den schwindenden Staatsmitteln fortzusetzen, traf ihn dieser Umstand schwer.

Quo vadis PPR? Während man in Buffalo ratlos an einigen matten Kompromißvorschlägen herumtüftelte, herrschte in Farbers Umgebung in Minneapolis mehrere Wochen lang Schweigen. Dann, Ende November 1980, wurde die Welt vor zwei vollendete Tatsachen gestellt: Marvin Farber war tot, und *Philosophy and Phenomenological Research* lag in den Händen von Chisholm. Wie bei der Gründung, so auch bei der Sicherung des Fortbestehens der Zeitschrift wurde die souveräne Art, in der Farber allein die Bedingungen stellte und dabei die Diskretion so perfekt wahrte, in weiten Kreisen mit einer gewissen Nostalgie bestaunt. Die Wahl seines Nachfolgers sowie die Übergabe des Journals an das Renommierinstitut Brown waren seiner würdig. Viele atmeten auf. Es glich einem kleinen, gelungenen Staatsstreich, dessen Erfolg an der sofort wieder eingekehrten Ruhe des Alltags zu messen wäre. Möchte man sich heute an seine Stimme erinnern, mit der er in so manchen Jahren in Buffalo so manche Ohren füllte, so sei ein Lobeswort zitiert, das er seinem einstigen Meister zollte, in dem er aber charakteristisch Anerkennung mit Mahnung verband – ein Wort, das als Motto hätte über seiner Zeitschrift stehen können: „Er (Husserl) hat in der Tat zu dem Arsenal der philosophischen Forschungsmethoden beigetragen. Man darf nur hoffen, daß es den systembefangenen und irrationalen Anhängern der Phänomenologie nicht gelingen wird, durch verworrene und irreführende Anwendung der phänomenologischen Methode den gesunden Kern des Husserlschen Werkes zu diskreditieren."[22]

---

[22] On the Meaning of Radical Reflexion, in: Edmund Husserl 1859–1959, hrsg. von H. L. Van Breda und J. Taminiaux, Den Haag 1959, 164.

Bericht:
Phänomenologie und Sozialwissenschaft: Alfred Schütz und Aron Gurwitsch. Abschlußbericht über das Kolloquium im ZiF Bielefeld, 16.–20. Juni 1981

Von Richard Grathoff, Bielefeld

Mit dem im Zentrum für Interdisziplinäre Forschung (ZiF) der Universität Bielefeld vom Dienstag, 16. Juni, bis Samstag, 20. Juni 1981 stattgefundenen Kolloquium (Wissenschaftliche Leitung: Richard Grathoff, Bielefeld und Bernhard Waldenfels, Bochum) wurde eine Forschungsarbeit fortgesetzt, die bereits seit einigen Jahren durch ähnliche Tagungen und entsprechende Publikationen in Gang gekommen ist. Zu erwähnen sind vor allem die Tagung über „M. Merleau-Ponty und das Problem der Struktur in den Sozialwissenschaften", Konstanz/Gottlieben 1973 (veröffentlicht Stuttgart 1976), und über „A. Schütz und die Idee des Alltags in den Sozialwissenschaften", Konstanz/Gottlieben 1974 (veröffentlicht Stuttgart 1979).

Im Mittelpunkt des Kolloquiums stand das Verhältnis von A. Schütz und A. Gurwitsch, den beiden Emigranten, die der Phänomenologie in den USA Eingang verschafft und sie besonders im Bereich der Sozialwissenschaften fruchtbar gemacht haben. Unmittelbarer Anknüpfungspunkt war der Briefwechsel zwischen Schütz und Gurwitsch, der im Rahmen des sozialwissenschaftlichen Archivs von Gordon Turpin gründlich aufgearbeitet wurde und dessen Manuskripte den Referenten zugänglich waren. Dieser Briefwechsel gibt wichtige Aufschlüsse nicht nur über die Entwicklung der Ideen von Schütz und Gurwitsch, sondern auch über den zeitgenössischen Hintergrund des Pariser Exils (1933–1940) und die amerikanische Emigration (1940–1960) sowie über die Schwierigkeiten, eigene Ideen in ein neues Milieu zu transplantieren und es den veränderten Umständen anzupassen. Das Studium dieser Dokumente hat außerdem einen wissenschaftlichen Nebeneffekt; es erleichtert den Versuch, dem Traditionsbruch von 1933 entgegenzuwirken und vergessene oder verdrängte Zusammenhänge wieder aufzugreifen.

Die Themen, die auf der Tagung behandelt wurden, lassen sich bestimmten Schwerpunkten zuordnen. Ein erster Schwerpunkt betrifft die *Strukturen des Bewußtseins,* wobei einerseits die Frage nach den Steuerungsfunktionen und der praktischen Verantwortlichkeit des handelnden Ich, andererseits die Frage nach der Eigengesetzlichkeit von Sinnstrukturen und Sinnprozessen eine entscheidende Rolle spielt. Hier hat sich zwischen Schütz und Gurwitsch ein Streit entzündet, der keineswegs als geschlichtet anzusehen ist. – Eng damit zusammen hängt die Frage nach den *Relevanzstrukturen,* die das Bewußtseins- bzw. Handlungsfeld gliedern und eine verschiedene Form annehmen je nachdem, wo das dynamische Zentrum solcher Organisationsprozesse angesetzt wird. – Die Frage, ob man methodisch vom Ich oder von einem anonymen Feld auszugehen hat, schlägt sich nieder in dem Problem der *Intersubjektivität.* Schütz' Aufbau der sozialen Welt kontrastiert hier mit Gurwitschs frühen Studien zum sozialen Milieu, wobei verschiedenartige Einflüsse – Bergson auf der einen Seite, Scheler und die Gestalttheorie auf der anderen Seite – eine maßgebende Rolle spielen. Diese historischen Zusammenhänge bedürfen weiterer Untersuchungen (vgl. hierzu die Edition früher Schütz-Manuskripte durch I. Srubar: Frankfurt a. M. 1981). – Einen weiteren Schwerpunkt bildet die Frage nach der Konstitution der *Sprache* und dem problematischen Zusammenhang von Sprachfeld und Bewußtseinsfeld (zu verweisen ist hier auf den von T. Luckmann vorbereiteten 2. Band von Schütz: Strukturen der Lebenswelt). Die Erörterung dieser Fragen gab Anlaß zu wissenschaftstheoretischen Erörterungen, die nicht zuletzt die Möglichkeiten einer phänomenologischen Soziologie betreffen. – Schütz' Theorie des Fremden und Gurwitschs Konzeption der Bewußtseinsränder bot weitere Möglichkeiten, das Spannungsverhältnis von *Normalität und Anomalität* zu problematisieren. – Schließlich wurde Schütz' Theorie der verschiedenen *Sinnprovinzen* und Gurwitschs Konzeption der *Themenfelder* für literaturtheoretische Fragestellungen herangezogen und exemplarisch an Texten von Cervantes, V. Woolf und Joyce erprobt; ähnliche Möglichkeiten im Bereich der bildenden Kunst wurden anvisiert. – Abgerundet wurden die sachlichen Erörterungen durch einen historischen Bericht, der die Entwicklung der New Yorker New School nachzeichnete und damit dem zeitgeschichtlichen Hintergrund Ausdruck verlieh.

Die Teilnehmer des Kolloquiums kamen zum Großteil aus deutsch- und englischsprachigen Ländern. Erwähnenswert ist aber auch die Anwesenheit von Vertretern aus Holland, Schweden, Polen, UdSSR und Japan, die etwas von den Forschungsperspektiven ihrer Herkunftsländer vermittelten.

Im Zusammenhang mit der geplanten Veröffentlichung des Briefwechsels zwischen A. Schütz und A. Gurwitsch soll ein Aufsatzband erscheinen, in dem die Erträge dieses Kolloquiums ausgewertet und auf geeignete Weise vervollständigt werden.

Vorträge

Walter *Biemel* (Staatl. Kunstakademie Düsseldorf): Über die Realitätsträchtigkeit des Irrealen.

Ronald *Cox* (Plano, Texas): Relevance and Field. Realities or Idealities.

Lester *Embree* (Dusquesne University, Pittsburgh): Consocial Life in Schütz and Gurwitsch.

Lilianne *Grams* (Frankfurt a. M.): Biographie und Wahrnehmung.

Richard *Grathoff* (Universität Bielefeld): Alltag und Lebenswelt. Das Problem der Intersubjektivität in Alfred Schütz und Aron Gurwitsch.

Leonid *Ionin* (Akad. der Wissenschaften, Moskau): Typology of Understanding in Sociology.

Hansfried *Kellner* (Universität Darmstadt): Sprachfeld und Bewußtseinsfeld.

Joseph *Kockelmans* (Pennsylvania State University): From a Sociological Theory of Action to a Phenomenological Theory of Science.

Leonore *Langsdorf* (University of Texas at Arlington): On the Margin of Consciousness. A Critique of Gurwitsch on the Social World.

Benita *Luckmann* (Bodensdorf in Kärnten): Alfred Schütz und Aron Gurwitsch at the New School.

Thomas *Luckmann* (Universität Konstanz): Questions Concerning the Constitution of Language.

Manfred *Smuda* (Universität Bielefeld): „Stream of Consciousness" und „durée". Das Problem ihrer Realisation und Wirkung im modernen englischen Roman.

Ilja *Srubar* (Universität Konstanz): Zur philosophischen Position des späten Schütz.

Burke *Thomason* (Eastern Oregon State College): Foolishness and Adventure. Some Reflections on the Transformation of Everyday Life.

Bernhard *Waldenfels* (Universität Bochum): Das umstrittene Ich (Egological Versus Non-Egological Conceptions of Consciousness).

Yoshikuni *Yatani* (Otemon-Gakuin Universität): Über das Problem der „multiple realities".

Teilnehmer

M. Aniskowicz-Zolcinska (Warszawa), J. Bengsson (Bochum), W. Biemel (Düsseldorf), W. Blankenburg (Marburg), H. Coenen (Tilburg), R. Cox (Plano, Texas), S. Czerniak (Warszawa/Bochum), L. Embree (Pittsburgh), C. Evans (Bochum), H. de Folters (Rotterdam), F. Fulda (Bielefeld), D. Goodwin (St. John's, Neufundland/Bochum), L. Grams (Frankfurt a. M.), R. Grathoff (Bielefeld), A. Gurwitsch (New York), B. Hildenbrand (Marburg), L. Ionin (Moskau), H. Kellner (Darmstadt), P. Kiwitz (Duisburg), J. Kockelmans (State College, Pennsylvania), Z. Krasnodebski (Warszawa), L. Landgrebe (Bergisch-

Gladbach), L. Langsdorf (Arlington, Texas), W. Lippitz (Siegen), B. Luckmann (Bodendorf, Kärnten), T. Luckmann (Konstanz), U. Matthiesen (Dortmund), A. Métraux (Basel), K. Meyer-Drawe (Kirchhellen), E. Schröder (Bielefeld), I. Schütz (New York), F. Schütze (Kassel), M. Smuda (Bielefeld), H. Soeffner (Hagen), W. Sprondel (Tübingen), I. Srubar (Konstanz), W. Szyperski (Bochum), R. Giuliani Tagmann (Basel), B. Thomason (La Grande, Oregon), G. Turpin (Bielefeld), W. Voßkamp (Bielefeld), B. Waldenfels (Bochum), P. Wolters (Bielefeld), Y. Yatani (Ashiya, Japan).

Bericht:
Zur Edition der Vorlesungen Franz Brentanos über Geschichte der Philosophie

Von Josef M. Werle, Trier

Nach der *Geschichte der griechischen Philosophie*[1] liegt nun im Rahmen der Brentano-Edition ein zweiter, den Vorlesungen über Geschichte der Philosophie gewidmeter Band vor: *Franz Brentano, Geschichte der mittelalterlichen Philosophie im christlichen Abendland. Aus dem Nachlaß herausgegeben und eingeleitet von Klaus Hedwig, Hamburg 1980 (Verlag Felix Meiner, Ph B Band 323).* Die Grundlage für diese Edition bilden Brentanos Aufzeichnungen für eine Vorlesung über die Scholastik, die er vermutlich im Sommersemester 1870 in Würzburg gehalten hat.[2]

„Brentano ist eine historische Größe – was keinesfalls heißt ein für allemal erledigt – eine gewisse Überzeitlichkeit sollte in der Edition walten." Diesen Satz Edmund Husserls[3] hat der Herausgeber seinem „Vorwort" vorangestellt (S. IX). Die Feststellungen, die hier getroffen werden, scheinen auf den ersten Blick nicht geeignet für ein Motto: Franz Brentanos philosophiegeschichtliche Bedeutung steht heute nicht zur Diskussion; daß „eine gewisse Überzeitlichkeit (...) in der Edition" waltet, ist eine selbstverständliche Annahme auf seiten des Lesers, zumal

---

[1] Franz Brentano, Geschichte der griechischen Philosophie. Nach den Vorlesungen über Geschichte der Philosophie aus dem Nachlaß hrsg. von Franziska Mayer-Hillebrand, Bern und München: Francke Verlag 1963 (jetzt Verlag Felix Meiner, Ph B Band 313).
[2] Zur Datierung vgl. Franz Brentano, Geschichte der mittelalterlichen Philosophie, a. a. O. S. XXIV Anm. 3.
[3] Es handelt sich um ein Zitat aus einem Brief von Edmund Husserl an Oskar Kraus, das Kraus in der Einleitung zu dem von ihm hrsg. Band Franz Brentano, Vom sinnlichen und noetischen Bewußtsein, Leipzig 1928, S. XLVIII mitteilt.

dann, wenn es sich um Texte aus dem Nachlaß eines Philosophen handelt, der, direkt durch sein eigenes Werk und indirekt durch seine Schüler, die philosophischen Bestrebungen der Folgezeit in mannigfacher Weise beeinflußt hat. Tatsache ist jedoch – und dieser Umstand mag den Herausgeber veranlaßt haben, das genannte Husserl-Zitat seiner Edition voranzustellen –, daß in der Geschichte der Brentano-Ausgabe „Überzeitlichkeit" und editorisch-philologische Akribie keineswegs selbstverständlich sind. Wohl aus Höflichkeit und Respekt vor den Arbeiten der früheren Herausgeber Oskar Kraus, Alfred Kastil und Franziska Mayer-Hillebrand vertieft Klaus Hedwig seine durch das Zitat angedeutete Kritik nicht, sondern beläßt es bei einem versteckten Hinweis (S. XXIV Anm. 4). Doch eben diese editorischen Unzulänglichkeiten eines Teiles der Brentano-Ausgabe muß man sich vergegenwärtigen, will man die Verdienste des Herausgebers um eine anzustrebende Neuorientierung der Edition des Brentano-Nachlasses würdigen. Wir werden uns im folgenden aus Platzgründen auf einen exemplarischen Nachweis der angedeuteten Mängel beschränken.

Die oben schon genannte Ausgabe der Vorlesungen Brentanos über die *Geschichte der griechischen Philosophie*, die Franziska Mayer-Hillebrand 1963 vorlegte, ist für eine historische Arbeit über Brentanos Konzeption der Philosophiegeschichte (und entsprechend für Arbeiten über deren Rezeption durch die verschiedenen Brentanoschüler)[4] fast völlig unbrauchbar. Es wurde, so die Herausgeberin in ihrem „Vorwort", „vor allem der Zweck verfolgt, den Studierenden der Philosophie eine Einführung in die Philosophie des griechischen Altertums... zu geben" (S. V). Der Ausgabe ist zwar „der Vorlesungstext Brentanos zugrunde gelegt" (S. XII), allerdings zum Teil „gekürzt" (vgl. z. B. S. 357 Anm. 16 u. 17), zum Teil erweitert um „kleine Ergänzungen aus

---

[4] Daß die Übernahme der Brentanoschen Sicht der Philosophiegeschichte unter den Brentano-Schülern selbst als wichtiges Indiz für die Zugehörigkeit zum engeren Kreis der Brentano-Schule galt, illustriert ein Brief von Masaryk an Meinong vom 25. Dezember 1882. Vgl. R. Kindinger (Hrsg.), Philosophenbriefe. Aus der Wissenschaftlichen Korrespondenz von Alexius Meinong, Graz 1965, 10.

dem Kolleg Kastils oder aus Ueberwegs ‚Geschichte der Philosophie' I" (S. XII) sowie um Ergänzungen der Herausgeberin. Einzelne Teile lagen in mehreren Fassungen vor (S. VI), aus denen die Herausgeberin einen neuen Text zusammenstellte (vgl. z. B. S. 354 Anm. 1 u. 2). Weiterhin wurden Änderungen vorgenommen, „um die Darstellung dem letzten Stand der Lehren Brentanos anzupassen" (S. XII). Zu diesem Zweck wurden Manuskripte in den Text eingearbeitet, die aus der Zeit nach der Beendigung der Vorlesungstätigkeit Brentanos datieren (vgl. z. B. S. 355 Anm. 2 und S. 356 Anm. 7). Der Leser erhält jedoch in keinem Fall genauen Aufschluß darüber, welche Textpassagen Abschriften des Brentanoschen Vorlesungsmanuskriptes und welche Teile des Textes Ergebnis der verschiedenartigen Eingriffe der Herausgeberin sind. Aus dem Text kann man auch nicht mehr entnehmen, welche Sekundärliteratur Brentano gekannt bzw. seinen Studenten empfohlen hat, denn „die Literaturangaben wurden ergänzt durch Hinweise aus den Vorlesungen Kastils und aus Ueberweg-Heinze" (S. 357 Anm. 20). Allerdings: „Von der Berücksichtigung der Literatur zur Geschichte der griechischen Philosophie aus der Zeit nach *Brentano* wurde absichtlich Abstand genommen, um die Form der Darstellung nicht zu stören. Die neueren Autoren und ihre von der Auffassung *Brentanos* zuweilen abweichenden Interpretationen in die Anmerkungen aufzunehmen, erschien wegen der starken Erweiterung des Umfanges, die dadurch notwendig geworden wäre, ebenfalls untunlich." (S. XI; siehe auch S. 357 Anm. 20) Implizit setzte die Herausgeberin wohl die Richtigkeit der Brentanoschen Darlegungen und deren Überlegenheit über neuere philosophiegeschichtliche Darstellungen voraus, denn nur so läßt sich ihre Entscheidung, Brentanos Vorlesungen ohne Hinweise auf die gewandelte Forschungslage als „Einführung" herauszugeben, verstehen. Hier zeigt sich ein zweites Moment der von Husserl/Hedwig monierten fehlenden „Überzeitlichkeit" der Edition.[5]

---

[5] In Abwendung von dieser unhistorischen Verabsolutierung stellt Klaus Hedwig allen Mißverständnissen vorbeugend fest: „Für den gegenwärti-

Tatsächlich waren die früheren Herausgeber, die der ersten und zweiten Generation der Brentano-Schule im engeren Sinne entstammten, weitestgehend von der Richtigkeit der philosophischen Position des „späten" Brentano überzeugt; das wird u. a. in den „Vorworten" und in den großenteils apologetisch gehaltenen Anmerkungsteilen der von ihnen betreuten Ausgaben deutlich. Ihr vorrangiges Ziel sahen sie darin, die „reine" Lehre zur Darstellung zu bringen und gegen wirkliche und vermeintliche Mißdeutungen in Schutz zu nehmen bzw. auch gegen „abtrünnige" Brentanoschüler zur Geltung zu bringen und gegen konkurrierende Philosophien zu verteidigen.[6] In der Verfolgung dieses Anliegens wurde die Dokumentation der Entwicklung des Brentanoschen Denkens zwar nicht gänzlich vernachlässigt;[7] ihr

---

gen Stand der Mediävistik ist Brentanos Darstellung der mittelalterlichen Philosophie nur noch von historiographischer Bedeutung. Die hier edierte Vorlesung ist daher nicht als ein Beitrag zur aktuellen Scholastikforschung zu werten." (S. XV) Mit dieser ‚wissenschaftlichen' Haltung dem philosophiegeschichtlichen Werk Brentanos gegenüber steht Klaus Hedwig nicht allein. Eine ähnliche, sachlich motivierte Distanz findet sich neuerdings in der Einleitung von Rolf George zur 2. Aufl. von Franz Brentano, Aristoteles' Lehre vom Ursprung des menschlichen Geistes, Hamburg 1980 (Verlag Felix Meiner, Ph B Band 304), S. XIII f. Gleiches gilt für die von Roderick M. Chisholm (mit)betreuten Bände.
[6] Exemplarisch für diese Einstellung ist ein rigoroses Diktum von Oskar Kraus. Auf den oben (Anm. 3) zitierten Hinweis Husserls und die Mahnung, „in meinen Ausgaben der Werke Brentanos die Polemik gegen zeitgenössische Literatur fortzulassen" (ebd. Anm. 3), reagierte Kraus scharf: „... auf diesem Gefilde (gemeint: der zeitgenössischen Psychologie, der Verf.) gedeiht allerlei Unkraut; ich sehe nicht ein, daß ich untätig zuzusehen verurteilt bin, wie die grünen Gewächse dieser Wiese zu einem dschungelgleichen Urwalde emporschießen, die jenen Dom (gemeint: die Psychologie Brentanos, der Verf.) unter sich begraben. Wie zur Veröffentlichung und Erläuterung, so fühle ich mich auch zur Verteidigung dessen verpflichtet, wovon ich klar erkannt habe, daß es nicht nur aus der gegenwärtigen Krise der Psychologie, sondern der Philosophie überhaupt herauszuführen berufen wäre." (ebd.)
[7] Vgl. das Vorwort von Oskar Kraus zu Franz Brentano, Wahrheit und Evidenz. Erkenntnistheoretische Abhandlungen und Briefe, ausgewählt, erläutert und eingeleitet von Oskar Kraus, Leipzig 1930 (unveränderter Nachdruck Hamburg 1974, Verlag Felix Meiner, Ph B Band 201), S. IV.

wurde jedoch ein nur so geringes Gewicht beigelegt, daß die Editionsprinzipien einzig auf den Vermittlungsanspruch hin ausgerichtet und damit in keiner Weise an den Richtlinien für eine (historisch-)kritische Ausgabe orientiert wurden. Man muß in diesem Zusammenhang der Vollständigkeit halber allerdings darauf hinweisen, daß Brentano selbst das von den früheren Herausgebern gewählte Verfahren mitinitiiert hat: er gestattete Oskar Kraus und Alfred Kastil ausdrücklich, bei der Edition des Nachlasses Textänderungen vorzunehmen, um die Texte seiner späteren Lehre anzupassen.[8]

Vor diesem Hintergrund erweist sich Klaus Hedwigs Hinweis auf die notwendige „Überzeitlichkeit" der Edition (in dem zweifachen Sinn von sachlich-kritischer Distanz und editorisch-philologischer Akribie) als nur allzu berechtigt und begrüßenswert. Es ist m. E. auch durchaus möglich, den aktuellen wissenschaftlichen Bedürfnissen nach einer (historisch-)kritischen Ausgabe Rechnung zu tragen, ohne daß deswegen ein legitimes weiteres Ziel – das Einbringen der Brentanoschen Auffassungen in den philosophischen Dialog der Gegenwart – vernachlässigt werden müßte. Es steht zu vermuten, daß dieses letzte Ziel sinnvoll heute nur über eine Ausgabe angestrebt werden kann, die die Brentanoschen Texte, gleich aus welcher Zeit seiner philosophischen Entwicklung, unverändert präsentiert und nicht bereits durch Umformulierungen und andere Eingriffe eine Interpretation beinhaltet, deren Richtigkeit sich der Überprüfung durch den Leser entzieht. Das Verdienst der Ausgabe von Klaus Hedwig besteht wesentlich darin, in der Geschichte der Edition des Brentanoschen Nachlasses erstmals diesen neuen Weg eingeschlagen zu haben.

Der Herausgeber stand, wie aus seinen Ausführungen „Zur Textgestaltung der Ausgabe" (S. XXII–XXIV) hervorgeht, bei

---

[8] Vgl. als Belege das in Anm. 7 genannte Vorwort von Oskar Kraus und die Mitteilungen von Franziska Mayer-Hillebrand in ihrer Einleitung zur 2. Aufl. von Franz Brentano, Versuch über die Erkenntnis. Aus seinem Nachlasse hrsg. von Alfred Kastil, Hamburg 1970 (Verlag Felix Meiner, Ph B Band 194), S. XV.

der Edition der Vorlesung Brentanos über mittelalterliche Philosophie vor nicht geringen Schwierigkeiten. Denn „das Kolleg über das Mittelalter... ist kein durchgehender, stilistisch für eine Publikation ausgearbeiteter Text, sondern eine knappe, auf begriffliche Grundpositionen zusammengefaßte Argumentation, die den thematischen Gedankengang der Vorlesung markiert" (S. XXII). Um dennoch „sprachliche und begriffliche Klarheit" (S. XXII) zu erreichen, hat der Herausgeber dem Brentanoschen Text kurze Überleitungen beigefügt, die durch eckige Klammern als Einschübe gekennzeichnet sind. Darüber hinaus „sind die problemgeschichtlich wichtigen Passagen aus Brentanos *Geschichte der kirchlichen Wissenschaften* (1867) in den Text übernommen" (S. XXII)[9] und in den Anmerkungen als Übernahmen mit Angabe der Fundstellen ausgewiesen worden. Dank dieser Verfahrensweise verfügen wir über eine Ausgabe, die der weiteren Brentano-Forschung eine (relativ) solide Textbasis zur Verfügung stellt.

Dieses Verdienst des Herausgebers soll in keiner Weise geschmälert werden, wenn wir im folgenden einige Ungenauigkeiten korrigieren müssen, die sich bei der Übernahme von Teilen aus dem Artikel *Geschichte der kirchlichen Wissenschaften* (abgekürzt zitiert: GkW) eingeschlichen haben. Im Textteil muß S. 5 Z. 24 „Danach folgt" in eckige Klammern gesetzt werden, da es sich um einen Zusatz des Herausgebers handelt (vgl. GkW 540 Z. 14), S. 85 Z. 35 u. 36 sowie S. 86 Z. 1–4 sind die als Ergänzungen des Herausgebers gekennzeichneten Textteile als Übernahmen aus dem Artikel GkW (574 Z. 18–23) auszuweisen; der letzte Abschnitt auf S. 33 muß in den Anmerkungen als Übernahme aus GkW (542 f.) nachgetragen werden, damit die Einheitlichkeit der Zitation gewahrt bleibt. Denn in allen anderen Fällen bezieht sich der Nachweis der Übernahme auf den jeweils mit der Anmerkungsziffer versehenen Textabschnitt; in diesem Fall ist durch eine Ungenauigkeit in der Textwiedergabe (eine

---

[9] Artikel Geschichte der kirchlichen Wissenschaften in: Johann Adam Möhler, Kirchengeschichte, hrsg. von Pius Bonifacius Gams, Band II, Regensburg 1867, 526–584.

vom Herausgeber vorgenommene Abschnittsunterteilung) lediglich der erste Abschnitt auf S. 34 als Übernahme aus GkW (542 f.) gekennzeichnet.

Kritisch anzumerken ist weiterhin, daß der Herausgeber in der Wiedergabe der Hervorhebungen, die sich im Text des Artikels befinden, sehr frei verfahren ist und keineswegs alle Hervorhebungen übernommen hat.[10] Auch ist nicht in allen Fällen der Text aus GkW genau wiedergegeben. Folgende Korrekturen sind vorzunehmen: S. 3 Z. 39: „Anselmus" statt „Anselm von Canterbury" (vgl. GkW 539 Z. 2), S. 4 Z. 10: nach „sinken" ist „an" zu ergänzen (vgl. GkW 539 Z. 11), S. 4 Z. 25: „Intelligibeln" statt „Intelligiblen" (vgl. GkW 539 Z. 23), S. 6 Z. 21: „die" vor „Trümmer" ist zu streichen (vgl. GkW 527 Z. 11), S. 34 Z. 7: nach „hatten" ist ein Komma zu ergänzen (vgl. GkW 543 Z. 10),[11] S. 34 Z. 8: nach „sah sich" ist „plötzlich" zu ergänzen (vgl. GkW 543 Z. 12), S. 35 Z. 30: vor „Pfleger" ist „die" zu ergänzen (vgl. GkW 544 Z. 33), S. 35 Z. 31: nach „geschah es" ist „denn" zu ergänzen (vgl. GkW 544 Z. 34), S. 40 Z. 24: vor „ausgedehntesten" ist „den" zu ergänzen (vgl. GkW 551 Z. 18), S. 81 Z. 9: vor „folge" ist „es" zu ergänzen (vgl. GkW 572 Z. 7), S. 83 Z. 8: „sei, – das Alles sind" statt „sei – und alles sind" (vgl. GkW 573 Z. 7), S. 84 Z. 15: nach „wollte?" ist ein Gedankenstrich zu ergänzen (vgl. GkW 574 Z. 1), S. 84 Z. 17: vor „Erkenntnis" ist „eine" zu ergänzen (vgl. GkW 574 Z. 3), S. 84 Z. 32: vor „Nominalisten" ist „neuen" zu ergänzen (vgl. GkW 574 Z. 17). Im Anmerkungsteil sind bei den Angaben der Fundstellen folgende Verbesserungen vorzunehmen: S. 100 Anm. 9 muß lauten „Text aus GkW, 538 f.", S. 128 Anm. 409 muß lauten „Text aus GkW, 573 f.".[12]

---

[10] So wird z. B. S. 35 Z. 28 „in *einer* Schule" entsprechend der Vorlage (GkW 544 Z. 31) wiedergegeben, S. 34 Z. 1 hingegen wird die Hervorhebung in GkW (543 Z. 5) „Die *Kreuzzüge*" aufgehoben.

[11] Da der Hrsg. durchgängig Orthographie und Zeichensetzung modernisiert hat (vgl. Zur Textgestaltung der Ausgabe, S. XXIII), wurden Abweichungen dieser Art nicht angeführt. An der oben genannten Stelle ist jedoch auch nach gängiger Regelung ein Komma einzufügen.

[12] Weitere Hinweise auf notwendige Korrekturen finden sich in Anm. 15.

Die Entscheidung des Herausgebers, Teile aus dem Artikel GkW mit in den Text aufzunehmen, ist nicht unproblematisch, denn Brentanos ‚Anteil' an diesem Artikel ist keinesfalls hinreichend geklärt. Der Herausgeber der *Kirchengeschichte von Johann Adam Möhler*, Pius Bonifacius Gams, hat in einer Anmerkung zu diesem Artikel ausdrücklich darauf hingewiesen, daß Brentano „den Text dieses Kapitels... *nach den Vorlagen Möhlers* (H. d. V.) verfaßt"[13] hat. Darüber hinaus zeigen aber auch die *Berichtigungen*,[14] die Brentano 1870 zu seiner ‚Bearbeitung' nachlieferte (Hedwig hat, so scheint es jedenfalls, diese *Berichtigungen* gar nicht zur Kenntnis genommen),[15] daß äußerste Vorsicht geboten ist, wenn man diesen Artikel zur Rekonstruktion bzw. zur Vervollständigung des Scholastikbildes des frühen Brentano heranziehen will, wie dies Hedwig in seinem (ansonsten höchst instruktiven)[16] „Vorwort" versucht.[17] So geht, um

---

[13] Artikel Geschichte der kirchlichen Wissenschaften, a. a. O. 526. Verunklärt wird die Frage der Autorschaft Brentanos u. a. dadurch, daß P. B. Gams in seinem Register zu Johann Adam Möhlers Kirchengeschichte, Regensburg 1870, Brentano als „*dem Verfasser* (H. d. V.) des geistvollen Aufsatzes über die Scholastik im II. Band" (103) dankt.

[14] Franz Brentano, Berichtigungen, in: Gams, Register zu Johann Adam Möhlers Kirchengeschichte, a. a. O. 103 f.

[15] Dieser Eindruck entsteht durch die Tatsache, daß der Hrsg. die stilistischen und inhaltlichen Korrekturen, die sich in den Berichtigungen Brentanos (s. Anm. 14) finden, für die aus dem Artikel GkW in den Text übernommenen Passagen nicht berücksichtigt: S. 1 Z. 5 muß „Wall" durch „Halt" ersetzt werden, S. 6 Z. 21 muß es statt „Timäus erklärt von Chalcidius" „Timäus übersetzt von Chalcidius" lauten (Berichtigungen, a. a. O. 103), S. 35 Z. 33 muß es „erboten, und in…" (ebd. 104) heißen. Darüber hinaus muß die bibliographische Angabe S. XVI Anm. 8, die sich auf die Berichtigungen bezieht („Regensburg 1867, …, III/II, 103–104"), korrigiert werden; vgl. Anm. 13 u. 14. Diese Korrektur ist auch in der zur Zeit noch maßgeblichen Bibliographie der Werke Franz Brentanos, in R. M. Chisholm, Bibliography of the Published Writings of Brentano (in: Linda L. McAlister [Hrsg.], The Philosophy of Brentano, London 1976, 240–247) vorzunehmen.

[16] Vgl. ergänzend zu dem Vorwort Klaus Hedwig, Der scholastische Kontext des Intentionalen bei Brentano, in: R. M. Chisholm und R. Haller (Hrsg.), Die Philosophie Franz Brentanos. Beiträge zur Brentano-Konferenz Graz, 4.–8. September 1977, Amsterdam 1978, 67–82.

[17] Ebd. S. X.

nur ein Beispiel zu nennen, aus einer „Bemerkung" Brentanos, die sich in den *Berichtigungen* findet, hervor, daß fast alle Anmerkungen zu dem Artikel, in denen Quellentexte zur mittelalterlichen Philosophie genannt werden, von Pius Bonifacius Gams stammen.[18] Es ist also nicht möglich, aus diesen Anmerkungen Rückschlüsse auf die Textkenntnisse Brentanos zu ziehen. (Ähnliches gilt für weite Teile der inhaltlichen Ausführungen. Eine Analyse der von Möhler selbst verfaßten Artikel legt zumindest den Eindruck nahe, daß die stark institutionsgeschichtliche Ausrichtung des Artikels GkW weniger durch die Interessen Brentanos als durch die Manuskriptvorlagen Möhlers bestimmt wurde.) Verkompliziert wird die Frage der Urheberschaft dadurch, daß der Artikel GkW einige Ausführungen enthält, die nachweislich von Brentano stammen. Es sind dies die Ausführungen über das Vier-Phasen-Gesetz der Philosophiegeschichte.[19] Eine genauere Analyse des Artikels ermöglicht es, weitere, mit dem Vier-Phasen-Theorem mittelbar zusammenhängende Textteile Brentano zuzuschreiben und als Ausdruck seines Denkens zu interpretieren.[20] Angesichts dieser Lage – daß der Artikel GkW einerseits nicht zur Gänze als ‚geistiges Eigentum' Brentanos und nicht als Resultat einer eigenständigen intensiven Beschäftigung mit der Scholastik angesehen werden darf, daß er aber andererseits ein originär Brentanosches Theorem (die erste publizierte Fassung des Vier-Phasen-Gesetzes) enthält, wäre es meines Erachtens angebracht gewesen, den Artikel nebst den *Berichtigungen* gesondert abzudrucken.

Der umfangreiche Anmerkungsteil, den Hedwig seiner Ausgabe beigegeben hat, erleichtert die Benutzung des Bandes wesentlich und stellt, darauf sei an dieser Stelle ausdrücklich hingewiesen, umfangreiche Hilfen für die weitere Brentano-Forschung zur

---

[18] Berichtigungen, a. a. O. 104.
[19] Geschichte der kirchlichen Wissenschaften, a. a. O. 539 f.
[20] Lediglich mit Hinweis auf die Formulierung des „Vier-Phasen-Gesetzes" spricht Brentano z. B. 1869 in Auguste Comte und die positive Philosophie (in: Chilianeum. Blätter für katholische Philosophie, Kunst und Leben, Neue Folge Bd. II, 36 Anm. 1) von dem Artikel GkW als von ‚seinem' Artikel.

Verfügung. Im einzelnen beinhaltet der Anmerkungsteil: Nachweise der Übernahmen aus GkW; Erläuterungen zum Text, zum Teil unter Berücksichtigung noch unpublizierter Nachlaßmanuskripte; Referenzstellennachweise; Hinweise auf die von Brentano zu einzelnen Aspekten wahrscheinlich benutzte Sekundärliteratur; neuere Forschungsliteratur zu Einzelaspekten; Übersetzungen der von Brentano lateinisch zitierten Quellentexte und die Originaltexte der von Brentano übersetzten Textpassagen sowie Hinweise auf Parallelstellen in dem Artikel GkW[21] und im übrigen, bis jetzt veröffentlichten Werk Brentanos. Die Parallelstellenhinweise sind allerdings, ähnlich leider wie das dem Band beigegebene Namenverzeichnis, stark verbesserungsbedürftig.

Es bleibt zu hoffen, daß bei einer fälligen Neuauflage der bereits vorliegenden Nachlaßeditionen auf einen unkorrigierten Wiederabdruck verzichtet und eine Revision der Texte in der von Klaus Hedwig gewiesenen Richtung vorgenommen wird.

---

[21] Zu korrigieren sind die Anm. 180 (richtig: vgl. GkW 549 f.), 379 (richtig: vgl. GkW 569 f.) und 432 (richtig: vgl. GkW 578 f.). Nachzutragen ist eine Anm. zu S. 84, 2. Abschnitt, mit dem Hinweis auf GkW 572 f.

Buchbesprechung

Jan Patočka: Jan Amos Komenský – Gesammelte Schriften zur Comeniusforschung. Veröffentlichung der Comeniusforschungsstelle im Institut für Pädagogik der Ruhr-Universität Bochum. Nr. 12, hrsg. von Klaus Schaller, Bochum 1981.[1]

Jan Patočka ist vielen Philosophen, besonders den phänomenologisch arbeitenden unter ihnen, bekannt als profunder Kenner der Husserlschen Phänomenologie, deren Umbildungen – etwa durch Heidegger – und deren Wirkungsgeschichte, wie sie sich z. B. in dem phänomenologischen Strukturalismus von Roman Jakobson zeigt.

Patočka lernte Husserl 1929 in Paris anläßlich eines Vortrags kennen, den dieser an der Sorbonne hielt. So erlebte er, wie er selbst hervorhebt, den Anfang der Systematisierung der phänomenologischen Problematik durch die „Cartesianischen Meditationen" mit.[2] In seinen „Erinnerungen an Husserl" führt uns Patočka den Begründer der Phänomenologie des 20. Jahrhunderts lebendig vor Augen: „... man sah einen Philosophen vor sich, der nicht referiert und kommentiert, sondern in seiner Werkstatt sitzt, als ob er allein wäre, und mit seinen Problemen ringt, unbekümmert um Welt und Menschen."[3] Ab 1933 konnte Patočka dann persönlich unter der ständigen Betreuung Eugen Finks bei Husserl studieren und später in Prag mit Ludwig Landgrebe zusammenarbeiten.

---

[1] Im folgenden im fortlaufenden Text abgekürzt als GSC.
[2] Jan Patočka, Erinnerungen an Husserl, in: Die Welt des Menschen – Die Welt der Philosophie. Festschrift für Jan Patočka, hrsg. von Walter Biemel (Phaenomenologica 72), Den Haag 1976, S. VII.
[3] Ebd. S. VIII.

1936 schließt er seine Habilitation ab, die sich mit „Husserlschen Themen" (Patočka) befaßt und 1976 in französischer Übersetzung erscheint: Le monde naturel comme problème philosophique. In einem 1975 geschriebenen Nachwort betont Patočka, daß es ihm in seinen kritischen Überlegungen sowohl zu Husserls als auch Heideggers Reflexionen zur Lebenswelt nicht darum gehe, ein phänomenologisches Konzept durch ein anderes zu ersetzen: „Nous exprimons plutôt notre foi en l'unité de la phénoménologie qui demeure, sous des espaces variées, l'étude du mouvement de la manifestation de tout ce qui est."[4] Zentrales Problem – und das bleibt es auch in seiner hermeneutischen Arbeit an den Schriften des Comenius – ist das Verhältnis der Lebenswelt und der „wissenschaftlichen Welt", deren Einheit in unserer Zeit immer mehr zu zerbrechen scheint. Patočka ist wie Husserl daran interessiert, die Lebenswelt als Fundierungszusammenhang, in dem alles wissenschaftliche Erkennen und Wissen wurzelt, zu beschreiben: „Il ne s'agira plus de transposer, par réduction, le monde naturel en monde scientifique ou inversement; il s'agira maintenent de transposer l'un et l'autre en un tiers élément."[5]

Auf der Suche nach diesem Dritten, nach dem „Zwischen", das jede dichotomische Teilung – sei es in Subjektives und Objektives, sei es in Individuelles und Kollektives – als zugrundeliegende Einheit unterläuft, unterzieht er die Husserlschen Überlegungen zur Konstitutionsproblematik einer grundsätzlichen Kritik. Dabei steht für ihn nicht wie für viele andere das Problem der Fremderfahrung, also die Frage nach der Konstitution des alter ego, im Vordergrund, sondern vielmehr die Frage nach einer „asubjektiven Phänomenologie", in der die cartesianischen Reste einer subjektivistischen Subjektivität überwunden sind. „Die Subjektivität, das von der verdoppelnden Erwägung der

---

[4] Jan Patočka, Le monde naturel comme problème philosophique, aus dem Tschechischen übersetzt von Jaromir Danek und Henri Declève, mit einem Nachwort von J. Patočka (Phaenomenologica 68), La Haye 1976, 176.
[5] Ebd. 1.

Gegebenheitsweisen selbst geschaffene Phantom, hat das Problem der Erscheinung als solcher und in ihm das Problem der eigenständigen Phänomenalebene, wo Seiendes sowohl ichlicher als auch nichtichlicher Natur sich in dem zeigt, was es ist, wo beides einander begegnen kann, verschluckt und verschwinden lassen. Eine merkwürdige Rückkehr zu Descartes ist erfolgt, wo vom existierenden ‚sum' nichts mehr übrig geblieben ist, statt dessen die cogitatio als solche in ihrem Wesen, ihrer *essentia*, sich so ausbreitete, daß die ‚Selbstgewißheit des Bewußtseins' ausschließlich diese Essenz betrifft und bezeichnet."[6]

Unter dem starken Einfluß, aber auch in kritischer Distanz zu der Daseinsanalytik Heideggers[7] sucht Patočka nach der Möglichkeit einer nichtsubjektivistischen Phänomenologie, innerhalb derer er „im Betrachten des objektiv-Phänomenalen... wie im Negativ das Subjekt kennen" lernt.[8] In einer handschriftlichen Anmerkung zu einem Sonderdruck seiner kritischen Bemerkungen zu „Epoché und Reduktion"[9] verdeutlicht Patočka seine Bedenken und die Richtung seines Fragens: „Die tr. (scil. transzendentale) Phänomenologie Husserls macht die Horizonte und deshalb auch die Welt als Totalhorizont zum Moment, zum Bestandteil der Noesis. Dadurch wird diese Gesamtheit von Potentialitäten subjektiviert. Dies eben ist die Frage. Horizonte sind weder Erlebnisse noch erlebte Objekte, Gegenstände. Die ἐποχή vom Subjektiven dient gerade der Herausstellung dieses Charakters. – Es wird hier bei Husserl ein Problem übersprungen, das es zu stellen galt."

---

[6] Jan Patočka, Der Subjektivismus der Husserlschen und die Möglichkeit einer „asubjektiven" Phänomenologie, in: Philosophische Perspektiven. Band 2, Frankfurt a. M. 1970, 329; vgl. auch ders., Le monde, a. a. O. 169 ff.

[7] Vgl. ebd. 172 ff.

[8] Jan Patočka, Der Subjektivismus, a. a. O. 333.

[9] Sonderdruck Klaus Schaller persönlich zugeeignet: J. Patočka, „Epoché und Reduktion" – Einige Bemerkungen, in: A. J. Bucher/H. Drüe/Th. M. Seebohm, bewußt sein – Gerhard Funke zu eigen, Bonn 1975, 82; vgl. auch ders., Le monde, a. a. O. 171 ff.

Nach seinem Ausscheiden aus der Philosophischen Fakultät der Karls-Universität und nach der Auflösung des Masaryk-Institutes mußte sich Patočka aufgrund der politischen Umstände[10] ein neues Arbeitsfeld schaffen: er begann mit seinen offiziellen Comeniusarbeiten an der Tschechoslowakischen Akademie der Wissenschaften. Zwar hatte sich Patočka schon vorher (1941, vgl. Nr. 1 der GSC) der Comeniusforschung zugewandt, aber nicht als Comeniologe, sondern in seiner Eigenschaft als historisch arbeitender Philosoph.[11]

Seine systematischen, historischen und philosophischen Studien zu Comenius liegen uns als Schriftensammlung nun zum ersten Mal in geschlossener Form vor.[12] Durch eine Prager Sammlung der Comeniana Patočkas, die von Schaller durch Übersetzungen und Briefe Patočkas ergänzt und erweitert wurde (Nr. 9 a, 46, 46 a, 57 der GSC), ist uns damit ein Bereich der Comeniusforschung zugänglich geworden, der uns über ein historisch minutiöses Wissen hinaus eine Perspektive eröffnet, innerhalb derer wir lernen, Comenius als einen kritischen, eigenständigen Begründer neuzeitlichen, nichtcartesianischen Denkens zu sehen und zu verstehen. Indem Patočka das Denken, Leben und Arbeiten des Comenius in das dichte Gewebe der Motive, traditionellen Einflüsse, Erfordernisse der Zeit zurückversetzt, verhindert er eine allzu leichtfertige, vordergründige Rezipierung der comenianischen Schriften und deren Mißbrauch als Vorratskammer unverdächtiger Argumente. Mit seinen philosophischen Reflexionen auf die Arbeit des Comenius will Patočka gerade keine übliche „Jubiläumsfeier" veranstalten, die „eine Art Begräbnis erster Klasse zu sein (pflegt), Bestattung von dem, was definitiv geworden, nicht mehr umstritten und in diesem Sinne etabliert ist, deshalb aber auch nicht lebendig" (GSC 446). Die

---

[10] Hinweise – wenn auch in der zwangsläufigen Unausdrücklichkeit – finden wir in den GSC an vielen Stellen, vgl. u. a. die Bibliographie, 11 oder Briefe, 489 und 494.
[11] GSC 19: „Autor těchto řádek není komeniolog, nýbrž historik filosofie a historik myšlenek."
[12] Vgl. das Vorwort von Klaus Schaller, GSC 6 ff.

immer noch lebendige Substanz des comenianischen Denkens für unser heutiges Denken und Handeln zu erschließen, das ist das tragende Motiv der Schriften Patočkas. Im Durchgang durch seine chronologisch angeordneten Comeniana können wir gleichsam miterleben, wie ihm das Werk des Comenius in zunehmendem Maße als Ausweg aus einer Inhumanität erscheint, die in der Vereinseitigung eines „subjektivistischen Seinsentwurfs" zum Zwecke der „erkennenden Weltbemächtigung" mit all ihren praktischen Konsequenzen gründet. Dabei arbeitet er für uns, die wir am Ende einer geschichtlichen Epoche stehen, deren „Vorspiel" das 17. Jahrhundert war (GSC 413), die noch immer drängende Aufgabe heraus, „eine Exzentrizität des Menschen mit einer Genealogie des Seienden zu verbinden" (GSC 413), um so praktisch das Problem angehen zu können, „den Menschen so zu führen, damit er auf echte Weise Mensch wird" (GSC 450).

Am Ende einer Epoche der „geschlossenen Seele", die sowohl in materialistischer als auch in idealistischer Version Absolutheit beansprucht (GSC 414 ff.), gibt es Indizien für ein „neues Gefühl der Unerschöpflichkeit des Universums…, welches als Positivum hinter dem Zusammenbruch aller geschichtlichen Gedankensysteme in ihrer Absolutheitsprätention aufbricht. Der Positivismus unseres Zeitalters ist vielleicht die Maske eines geschichtlichen Bewußtseins, welches Manifestationen der Seinstiefe auch dort anzuerkennen vermag, wo eine rationalistische Fortschrittsideologie skeptische Nivellierung übte." (GSC 420) In der Hoffnung, einen Weg aus dem „Labyrinth der Welt" zu finden, liegt die eigentümliche Nähe unserer heutigen Frage nach den Möglichkeiten einer humanen Koexistenz und dem Denken des Comenius. Es bedeutet also nicht, einer „Abart von Modernisierung" zu verfallen und die Schriften des Comenius zum „Zwecke der Selbstbespiegelung und Selbstbewunderung" zu mißbrauchen (GSC 376), wenn Patočka immer wieder die Aktualität der allreformerischen Gedanken betont. Es geht unserem Autor nämlich darum, Comenius im Kontext seiner Zeit zu verstehen und dementsprechend sowohl die theoretischen als auch die praktischen Konzeptionen aus den Möglichkeiten des

Zeitalters des Übergangs vom mittelalterlichen Selbst- und Weltverständnis zur rationalistischen Epoche zu begreifen. Deshalb erscheint seine historische Akribie auch nicht als akademischer Ehrgeiz, lückenlose Vollständigkeit zu erreichen, sondern vielmehr als unermüdliches Bemühen, die konkreten Lebensumstände des Comenius zu vergegenwärtigen (vgl. bes. die Darstellungen GSC Nr. 24, 27 und 13 a). Patočka verliert sich aber auch nicht in der Fülle geschichtlicher Einzelereignisse,[13] sondern hält konsequent sein Bemühen durch, Comenius als eigenständigen neuzeitlichen Denker sichtbar zu machen, entgegen populären Versuchen, Comenius in der Manier der größten rationalistischen Neuheit seiner Zeit, nämlich des Ideals zweifelsfreier, exakter Gesetzeserkenntnis (GSC 81 ff.), zu lesen oder ihn nur durch die Brille des englischen Empirismus zu sehen (GSC u. a. 436).

In seinen Bemühungen, die Arbeiten des Comenius unter der Berücksichtigung der leitenden traditionellen Einflüsse zu verstehen, finden wir ein Motiv wieder, das bereits die Auseinandersetzung Patočkas mit der Husserlschen Philosophie leitete: er möchte dem in dem comenianischen Denken „Ungedachten" (Le „non pensé") auf die Spur kommen.[14]

Aber nicht nur dergestalt hält sich sein einstiges phänomenologisches Programm durch, sondern auch in der besonderen Art, wie Patočka die comenianischen Schriften liest, nämlich *gegen* eine cartesianische Rationalität, *gegen* eine Subjektivität, die sich in den Dingen einrichtet, die „in der Begegnung mit der Sache... auf nichts Fremdes (trifft), sondern auf eine reine Selbstentfaltung" (GSC 415). Daraus resultiert eine deutlich verspürbare Vorliebe für das „Centrum securitas", in dem Comenius als Ursache für die menschlichen Verirrungen im „Labyrinth der

---

[13] Welchen Wert Patočka auf Systematisierungen von Materialsammlungen legte, wird uns eindrücklich deutlich in seinem Gutachten über die Doktorarbeit von Milada Blekastad, GSC Nr. 46 a, S. 474 ff.

[14] Vgl. J. Patočka, Le monde, a. a. O. 172. Vermutlich in Anlehnung an Heidegger (Der Satz vom Grund, 123 f.) spricht Patočka hier von einem „non pensé" dans la pensée husserlienne.

Welt" die „Selbsteigenheit (samosvojnost)" des Menschen entlarvt (vgl. GSC u. a. 418).

Aber selbst Patočka konnte sich nicht radikal befreien von der Faszination cartesianischer Rationalität, was deutlich wird, wenn er in den Ausführungen zur Utopieproblematik bei Comenius die comenianische Welt als Märchenwelt interpretiert, „als goldenes Zeitalter unseres nüchternen, und zugleich als ihre versprochene, ihre Wunschwelt" (GSC 381). Das brachte ihm Kritik von Kalivoda ein, der Patočka ansonsten rühmt als den Comeniologen, der uns allererst gelehrt hat, daß es unmöglich ist, „über Comenius-Pädagogik Forschungen anzustellen, ohne die Comenius-Philosphie zu kennen und systematisch zu studieren"[15]. Wohl zu recht äußerte aber auch Schaller, auf dessen comeniologische Arbeiten sich Patočka „in Anregung und Widerspruch" (GSC 429 Anm. 1) stützt, Bedenken[16] gegenüber einer solchen Utopieinterpretation, denn das Bild des Märchens verführt zumindest dazu, das konkret-praktische Motiv und den realen Anspruch der allreformerischen Gedanken des Comenius zu verdecken oder zu bagatellisieren.

Man muß Patočka vielmehr dann zustimmen, wenn er immer wieder betont, daß es Comenius in seinen Schriften weder um die Theorie noch um die Praxis allein geht, sondern vielmehr um ein „Drittes", um „Chresis", um „den Nutzen bringenden Gebrauch" (GSC 402), um die „tätige Verwirklichung" (GSC 88). Deshalb können die Konzeptionen des Comenius den durch Descartes formulierten Ansprüchen einer exakten Erkenntnis auch nur in sehr unzureichendem Maße Rechnung tragen. In dieser Sicht hat Comenius in seinem Verhältnis „zur modernen Naturwissenschaft und ihren Grundprinzipien Schiffbruch erlitten" (GSC 124). Auf der anderen Seite wird man seinen Arbeiten auch nicht gerecht, wenn man ihre Anschaulichkeit einem sensualistischen Standort zuordnet, „wie er z. B. bei den britischen Empiristen auftritt". So „ist auch seine Betonung des notwendigen Zusammenhangs zwischen Belehrung und praktischer

---

[15] Robert Kalivoda in: Acta Comeniana 1 (1970) 414.
[16] Vgl. Briefwechsel, GSC 486 f.

Anwendung, zwischen Sinnen, Worten und Handfertigkeit kein Praktizismus und keine Antizipation moderner Verhaltenstheorien, sondern entstammt Komenskýs ursprünglicher Einsicht in die strukturelle Einheit der Momente menschlicher Existenz" (GSC 436). Wenn wir Patočkas sorgfältige hermeneutische Arbeit verfolgen, innerhalb derer er die Schriften des Comenius selbst zu Wort kommen läßt, erkennen wir, daß Comenius nicht etwa die vielfältigen Einflüsse seiner Zeit in eklektizistischer Manier verarbeitet hat, sondern daß sich hier vielmehr eine Verlegenheit ausdrückt, seine Gedanken mit den Mitteln seiner Zeit auszudrücken.

So erkennen wir z. B. den Einfluß der „pythagoräisch-platonischen Überlieferung, die durch die christliche Schöpfungsmetaphysik hindurchgegangen ist" (GSC 424 f.) in bezug auf den Harmoniegedanken, der sich wie ein roter Faden durch alle comenianischen Arbeiten hindurchzieht. Gerade dieser Harmoniegedanke stieß auf zeitgenössische Skepsis, denn er „stand weit abseits von der größten gedanklichen Anstrengung des 17. Jhs. – von der Entwicklung einer exakten Naturwissenschaft" (GSC 91). In seinem Bemühen um eine emendatio rerum humanarum ist Comenius aber viel eher beeinflußt durch die utopischen Gedanken eines Campanella, dessen antiindividualistisches Pathos in der Panorthosia großes Gewicht erlangt. „L'universalisme de Coménius est donc naturellement collectiviste, il dépasse tout individualisme étroit." (GSC 254). Hier ist auch die Bedeutung der Lichtmetaphysik des Patrizzi innerhalb des comenianischen Gedankengangs zu sehen. Sie erlaubt es ihm nämlich, eine nicht-cartesianische Subjektivität auszudrücken, „die Struktur des menschlichen ‚Subjekts', das weder eine geschlossene Substanz bildet, noch das Äußere in sich aufnimmt, um es in sich zu verschließen, sondern das zugleich mit der Aufnahme, im Fortgang derselben Bewegung sich selbst mitteilt, widmet" (GSC 441 f.).

In seiner Methodologie ist Comenius in besonderem Maße von Bacon beeinflußt, dessen „Gedanke eines praktischen Wissens und die Notwendigkeit, das gesamte Wissensmaterial methodisch zu durchleuchten" (GSC 123) ihn beeindrucken, wenngleich er nicht dazu übergeht, die konkrete Methode zu übernehmen (vgl. GSC 84). Denn es ging ihm nicht um die genauere, wahrere Erkenntnis des Wirklichen, also um eine „reformatio intellectus" (GSC 449), sondern um die Verbesserung der konkreten Lebensumstände der Menschen in der Form rationaler Verfügung, aber nicht im cartesianischen Sinne einer radikalen Aufklärung, sondern im Sinne einer nicht-gewaltmäßigen Aneignung durch Erziehung im Hinblick auf einen chiliastischen Zustand. Comenius ist „ein Denker der konkreten, massiven Existenzerfahrungen" (GSC 427).

Die Impulse einer sozialen Revolution des taboritischen Chiliasmus werden von Comenius wieder aufgenommen, aber als *„purement spirituelle*, sans emploi de moyens violents..., l'évêque Komensky, a trouvé la clé de cette réforme spirituelle du temporel dans *l'éducation"* (GSC 280).

Durch die Erziehung soll der Mensch aus seinen Verwicklungen im „Labyrinth der Welt" herausgeführt werden, aber nicht, indem er sich aller Beschränkungen entledigt. Vielmehr gilt für wahrhafte Christen: „ils ne doivent jamais s'abandonner au monde, mais rester enracinés dans l'audelà" (GSC 282 f.).

Neben dem platonischen Einfluß auf das Denken einer labyrinthischen Verfangenheit des Menschen in seinem alltäglichen Besorgen, arbeitet Patočka als erster den Einfluß des Nicolaus Cusanus heraus: „On voit donc bien que Nicolas de Cues a prêté secours à Komensky pour prendre possession intérieurement, par les moyens de l'image spiritualisée, de la grande expérience qui est au centre de so oeuvre: la conversion de l'homme à l'universel." (GSC 284) In Anlehnung an die cusanische Wahrheitsbrille konstruiert Comenius eine Brille der Illusion, die unsere alltägliche Sicht der Dinge repräsentiert. Darin, daß der Mensch die Verbesserung seiner Lebenssituation, den Ausweg aus seiner labyrinthischen Verstrickung nicht in irgendeinem transmundanen Bereich zu suchen hat, daß er seinen Weltbezug auf keine Weise außer Kraft setzen kann, daß Comenius den Chiliasmus gleichsam auf die Erde zurückgeholt hat, erkennt Patočka eine lebendige Nähe zu den fundamentalontologischen Erkenntnissen Heideggers:

„Jedem, der die modernen Analysen des menschlichen Daseins kennt, muß die Literatur vom Schlage Andreaes oder Komenskýs Labyrinth als ein vortheoretischer Beleg derjenigen Strukturen erscheinen, welche von diesen Analysen an den Tag gelegt werden. Die Zerstreuung, der anfängliche Selbstverlust, das Selbstverständnis im Modus des Sich-nicht-Ergreifens und -Begreifens sowie der Selbstflucht, Flucht vor der eigenen Endlichkeit, ihre Verdeckung durch die Neugier und das Gerede des ‚man', der Weg zu sich selbst durch das Nichts, das Vorlaufen zur unüberholbaren eigensten Möglichkeit, das alles wird hier zwar nicht auf Begriffe gebracht, aber in seinem Motivationszusammenhang klar unterschieden und in Form einer Geschichte, eines Mythos dargestellt. Es nimmt nicht wunder, daß auch die Herausführung aus dieser Lage durch ein bekanntes Existenzphänomen eingeleitet wird, durch den Ruf des Gewissens nämlich, welches freilich theologisch interpretiert wird als Stimme des Gottessohnes, ..." (GSC 427)

Daß Patočka die Fragen des „Labyrinths der Welt" und die Möglichkeiten, einen Ausweg zu finden aus „Nichtigkeit, Verwirrung und Verneinung" (GSC 426) in den späteren Schriften immer mehr in den Vordergrund seiner Interpretationen der Arbeiten des Comenius stellt, liegt vielleicht nicht zuletzt daran, daß ihm sein persönliches Schicksal die labyrinthische Gefangenschaft so anschaulich machte und die Notwendigkeit, nach rationalen Möglichkeiten des Menschen zur Verwirklichung konkreter Humanität zu suchen, gerade auch sein Denken bewegte und ihn zum „Anwalt der Vernunft in schwieriger Zeit"[17] machte.

Die vorliegende Schriftensammlung, die sowohl tschechische, deutsche, französische als auch lateinische Arbeiten Patočkas vereint, läßt uns nicht zuletzt durch die Briefe, deren Sinn – wie so oft – zwischen den Zeilen steht, teilhaben an der Widerstandskraft eines unruhigen Fragens nach der Menschlichkeit des Men-

---

[17] Bernhard Waldenfels zu Patočka: Le monde naturel (vgl. Anm. 4) in: Philosophische Rundschau 25 (1978) 308.

schen, das wir am besten mit Patočkas eigenen Worten zusammenfassen: „Die Moderne hat ein Corpus an wirksamem Wissen zustande gebracht, von welchem Bacon bloß meditieren konnte. Und doch ist das erwartete und ersehnte Paradies nicht erschienen; Bacon, Galilei und Descartes haben wirklich die Grundzüge eines Denkverfahrens entworfen, welches die Menschheit in der merkwürdig kurzen Zeitspanne von 300 Jahren zu ‚Herren und Eigentümern der Natur' machte, und das erwartete Resultat hat sich nicht einmal dann eingestellt, da diese Methode den ursprünglichen Rahmen der eigentlichen und außermenschlichen Natur überschritten und auf den Menschen selbst übergegriffen hat. Alles, worauf die objektivierenden Methoden sich beziehen, was sie zergliedern und beherrschen, sind selbstverständliche Dinge, befähigt, uns zu dienen. Aber wir selbst – nicht als dienend, sondern herrschend, verwaltend, nutzend –, wohin ist denn unsere Herrschaft geraten?...
Man muß diese *herrschende Menschlichkeit* begreifen und stärken, die Menschlichkeit nicht als Mittel und eine verfügbare Kraft, sondern als etwas in sich selbst Sinnvolles, ja den eigentlichen Ort jeden Sinnes.
So ähnlich war aber das Problem, das Comenius sich stellte. Seine Frage war nicht, wie bei Bacon und Descartes, nach dem *Reich* des Menschen, sondern nach dem Menschen selbst." (GSC 446 f.)

Käte Meyer-Drawe, Bochum

Die früheren Bände der Reihe
„Phänomenologische Forschungen":

1: Phänomenologie heute
   Grundlagen- und Methodenprobleme

2: Die Phänomenologie und die Wissenschaften

3: Phänomenologie und Praxis

4: Mensch – Welt – Verständigung
   Perspektiven einer Phänomenologie der Kommunikation

5: Kommunikationskultur und Weltverständnis

6/7: Husserl, Scheler, Heidegger
   in der Sicht neuer Quellen

8: Studien zur Sprachphänomenologie

9: Neuere Entwicklungen des Phänomenbegriffs

10: Dialektik und Genesis in der Phänomenologie

11: Was ist Literatur?

Verlag Karl Alber, Freiburg/München

Ferdinand Fellmann
Phänomenologie und Expressionismus

1982. 170 Seiten. Reihe: *Fermenta philosophica*
ISBN 3-495-47505-2

Der Autor über sein Buch:

In dieser interdisziplinären Studie versuche ich, den Idealismus der Phänomenologie Edmund Husserls, der in den „Ideen" von 1913 kulminiert, und den literarischen Expressionismus auf eine gemeinsame Denkform zurückzuführen: auf die dialektische Figur der „entwirklichenden Realisierung", die als Antwort auf die geistes- und sozialgeschichtliche Problemkonstellation den Wirklichkeitsbegriff der Zeit unmittelbar vor dem Ersten Weltkrieg geprägt hat. Husserls Lehre von der phänomenologischen Reduktion übersetzt diesen Wirklichkeitsbegriff in philosophische Methodik. Um das nachzuweisen, gehe ich den Strukturaffinitäten nach, die Husserls Denken mit dem im weitesten Sinne expressionistischer Autoren – Hugo von Hofmannsthal, Robert Musil, Kasimir Edschmid, Wilhelm Worringer, Max Picard, Karl Barth u. a. – verbinden. Meine Denkformenanalyse verfolgt schließlich den Gestaltwandel der Reduktion, mit dem sich die Phänomenologie am Ende der anderen großen geistigen Bewegung des 20. Jahrhunderts, der Psychoanalyse Sigmund Freuds, angenähert hat.

Verlag Karl Alber, Freiburg/München